Abschied von den Göttern

Hochkulturen vor der Sintflut

Ing. Wolfgang Mauchler

B&D Books on Demand Verlag

Impressum

Bibliografische Information der Deutschen Nationalbibliothek:
Die Deutsche Nationalbibliothek verzeichnet diese Publikation in der Deutschen
Nationalbibliografie; detaillierte bibliografische Daten sind im Internet über
http://dnb.dnb.de abrufbar.

Herstellung und Verlag: BoD – Books on Demand, Norderstedt

ISBN: 978-3-7543-5766-8

Inhaltsverzeichnis

1. Einleitung

„Wer die Zukunft erforschen will, muss die Vergangenheit kennen" besagt ein altes chinesisches Sprichwort. Unsere Zivilisation kennt die Vergangenheit aus Geschichtsbüchern, die wiederum auf Erkenntnissen beruhen, die aufgrund der fortschreitenden Technik und der daraus folgenden immer effektiver werdenden Forschungsmethoden, längst korrigiert und überholt werden müssten. Laufend treten neue politische, gesellschaftliche, wirtschaftliche und technische Aspekte antiker Völker ans Licht, die durch modernste Technologien bewiesen werden. Trotzdem hält man Großteils an den alten Erkenntnissen der Wissenschaft des vorigen Jahrhunderts fest und verbreitet bewusst falsche Informationen.

Vielfach wird durch moderne Forschungen bewiesen, dass manches nicht so gewesen sein kann, wie es unsere Historiker behaupten, jedoch bleibt man auch die Antwort und die handfesten Beweise wie es wirklich war, schuldig. Amtierende Vermutungen lassen keine anderen, wenn auch logischeren Theorien zu.

Aufgrund dieser Tatsache werden die, wenn auch noch so hieb- und stichfesten Beweise von der Schulwissenschaft beiseitegeschoben und ignoriert, denn man will keine offenen Fragen, und schon gar nicht Theorien, die Mysterien erzeugen. Anhänger oder Befürworter von Mysterien zu sein, gilt in unserer Gesellschaft als unseriös. Die Menschheit hat ein Weltbild, wer daran rüttelt ist ein Querulant.

Der österreichische Schriftsteller Alfred Polgar erkannte sehr treffend „Die Menschen glauben viel leichter eine Lüge, die sie schon hundertmal gehört haben, als eine Wahrheit, die ihnen völlig neu ist.", und entsprechend diesem Zitat ist auch die breite Masse mit den Halbwahrheiten zufrieden, die ihr über unsere Vergangenheit erzählt werden.

Unsere Gesellschaft hat das Bedürfnis nach Realität und nüchternen Fakten. Mysterien und Dinge, die sich mit realistischen Maßstäben nicht messen lassen, sind Sache der Esoteriker und der weltfremden Spinner. In der Schulwissenschaft ist kein Platz für Unerklärliches. Obwohl weltweit unzählige merkwürdige Dinge existieren, in Museen ausgestellt werden und für Touristen öffentlich zugänglich sind, macht sich der Normalbürger keine Gedanken über deren Herkunft und Entstehung, und der Schulwissenschaftler versucht, diese Mysterien oft auf sehr peinliche Weise logisch zu erklären. So vertritt man in der Geschichtslehre die Meinung, Granit wurde mit Kupfer- und Bronzewerkzeugen bearbeitet, antike, flugtaugliche Flugzeugmodelle, trotz eindeutig sichtbarem Seitenruder wären Nachbildungen von Insekten, und eindeutig in Stein gemeißelte Panzer, Hubschrauber und U-Boote wären altertümliche Schriftsymbole, die nur zufällig wie Panzer, U-Boote oder Hubschrauber aussehen. Man nimmt auch gerne absolut unmögliche zeitliche und technische Theorien in Bezug auf altertümliche Bauwerke in Kauf, da jede andere Theorie offene Fragen und Mysterien aufwerfen würde. Nach dem Motto „Besser die abenteuerlichste und unmöglichste „realistische" Antwort, als eine logische Theorie, die das Weltbild stört", wird die Menschheit mit falschen Informationen gefüttert, die sie auch dankend annimmt, denn wer will schon ein weltfremder Phantast sein? Unsere Gesellschaft verbaut sich selbst die Wege zur Wahrheit. Man glaubt lieber an einen alten Mann mit weißem Bart, der hinter den Wolken wohnt und auf uns hernieder blickt, und der für all das Unerklärliche verantwortlich ist, als an Theorien die dem bisher geglaubten widersprechen. So wird auch alles, was die Archäologie zu Tage fördert und nicht logisch erklärbar ist, religiösen Kulten zugeschrieben. Skulpturen, Zeichnungen und Steingravuren, die merkwürdige Kreaturen darstellen, werden immer als Götter oder Dämonen kategorisiert, spätere schriftliche Schilderungen, die nicht weltbildkonform sind, sind Visionen des Verfassers. Man macht es sich sehr einfach. Was nicht einzuordnen ist, kommt in die Schublade für Religion, Kult und Phantasie. Bei näherer Betrachtung wird immer klarer, dass eigentlich die Schulwissenschaft Mythen produziert, die eigentlich gar keine sind. Legenden von Drachen, Riesen und untergegangenen Zivilisationen werden zu Kindergeschichten herabgewürdigt, aber sind sie es wirklich?

Ein kleiner, aber stetig wachsender Kreis von Wissenschaftlern hat sich zur Aufgabe gemacht, gerade diesen historischen Absonderlichkeiten auf den Grund zu gehen, und laufend werden mit hochtechnischen, modernen Forschungsmethoden atemberaubende Ergebnisse erzielt, die zu logischen Erklärungen führen. Jüngste Untersuchungen haben beispielsweise die geltende Lehrmeinung über die großen Pyramiden handfest widerlegt, trotzdem hält man daran fest, dass Cheops die Pyramide während seiner Amtszeit erbauen ließ. Ein Ding der Unmöglichkeit, sowohl zeitlich als auch technisch. Auch weiß man längst, dass Kolumbus einer der letzten Besucher Amerikas war, trotzdem gilt er nach wie vor als Entdecker Amerikas.

Im Verlauf des Buches werden historische Fakten aufgezeigt, über die sich die Schulwissenschaft ausschweigt, oder die einfach pseudorealistisch und falsch manifestiert werden. Jahrtausende alte Bauten in Südamerika, deren Herstellung mit neuzeitlichen Methoden unmöglich ist, Hinweise auf Menschen und Dinosaurier in derselben Epoche, Fakten, welche die Eiszeit, die Evolutionstheorie und die gesamte landläufige Meinung über die menschliche Existenz in Frage stellen sollen aufzeigen, wie wenig wir eigentlich über die Welt in der Vergangenheit wissen. Andererseits existieren altertümliche Überlieferungen und Schriften, die als religiös oder mystisch eingestuft werden, aber überraschend mit realen Ereignissen übereinstimmen. Gleichzeitig wird man aber wieder Zeuge dessen, dass man zwar einige dieser Schriften als wahr anerkennt, andere trotz derselben Quelle als Vision oder Phantasterei einstuft, weil sie nicht in unser Weltbild passen. Man pickt sich die Rosinen aus dem Kuchen, der Rest wird ignoriert, weil er einfach nicht sein darf. So ist unser gesamtes Weltbild, auch die Betrachtung der Erdgeschichte in schon peinlichem Narzissmus auf den Menschen und das Menschenzeitalter bezogen, obwohl dieses einen sehr geringen Prozentsatz des Erdzeitalters ausmacht und eigentlich für die Erdgeschichte vernachlässigbar klein ist. Wenn man bedenkt, dass die Dinosaurier die Erde fast 200 Millionen Jahre lang bevölkerten, ist sogar diese Epoche im Vergleich zu 4,5 Milliarden Jahren des Erdalters nur ein Wimpernschlag.

Es gab bereits 5 globale Katastrophen, die alles Leben auf der Erde auslöschten. Es gab auch schon unzählige Klimawechsel auf der Erde, lange vor den Menschen. Die aktuelle Klimaveränderung, deren Zeuge wir gerade sind, soll der Mensch verursacht haben. Es wird auch lange nach uns wieder Klimaveränderungen geben. Der heutige Mensch bezieht alles auf seinen Status der „Krone der Schöpfung", sieht die Erde und das gesamte Sonnensystem als sein Eigentum an und wehrt alles ab, was diesen Status gefährden könnte. Der Gedanke daran, dass es höhere Lebensformen im Universum geben könnte, bereitet uns höchstes Unbehagen, weshalb wir diese Theorie eher belächeln als realistisch betrachten. Auch die Theorie einer vergangenen höheren Zivilisation auf der Erde wird nicht gerne angenommen, denn es darf in der Vergangenheit und in der Gegenwart nichts höheres geben als den Menschen, natürlich mit Ausnahme seiner diversen Götter, die in grauer Vorzeit möglicherweise wirklich existierten, jedoch deren Überlieferungen völlig falsch interpretiert werden. Trotz allerhöchster Technologie wissen wir noch immer nicht, woher wir kommen und hängen trotz besseren Wissens alten bereits überholten Theorien nach. Wir haben uns gemäß der Darwin'schen Evolutionstheorie aus einer affenähnlichen Spezies entwickelt, die irgendwann als Amphibie aus dem Meer stieg. Wir wissen bereits längst, dass es nicht ganz so war, aber es wird weiterhin so gelehrt, weil es keine andere fundierte Antwort gibt. Es existieren bereits logischere, modernere und plausiblere Theorien, wir sind aber nicht bereit, eine Theorie gegen eine andere Theorie einzutauschen. Wenn wir sie eintauschen, dann, wenn überhaupt, nur gegen einen handfesten Beweis. Und so gibt es für viele historische Bereiche bereits bessere Theorien, die auf moderneren Fakten und Beweisen beruhen, als die derzeitigen, die sich teilweise noch auf Erkenntnisse des vorigen Jahrhunderts stützen. Modernere Altersbestimmungen, DNA-Technologie, Bodenradar, LIDAR und viele andere neuzeitliche wissenschaftliche Methoden bringen ohne Frage verlässlichere und präzisere Erkenntnisse als Methoden aus dem 19. Jahrhundert. Man muss sie nur in die offizielle Meinung aufnehmen. Das Hauptproblem liegt offensichtlich darin, dass die Wissenschaft aus zwei sich rivalisierenden Lagern besteht. Wo die einen in jeder offenen Frage etwas Mystisches sehen wollen, so versuchen die anderen alles Mystische realistisch darzustellen. Aufgabe dieses Buches ist es nicht, Antworten auf offenen Fragen zu finden, jedoch auf diese offenen Fragen hinzuweisen, für die uns ersatzweise unrealistische „Hilfswahrheiten" geboten werden.

Der folgende schulwissenschaftliche Einstieg in die Entwicklung der Erde und des Lebens lässt die gewaltigen Zeiträume erkennen, die die Erde vor dem Auftreten der ersten Menschen bereits durchlaufen hat, eine Entwicklung voller Veränderungen und gewaltiger Katastrophen. Trotzdem scheint der Mensch der Meinung zu sein, dass seit seiner Existenz diese Entwicklung abgeschlossen ist und das Geschick der Erde einzig und allein seinem Tun unterworfen ist.

2. Erdgeschichtliche Entwicklung

Die Erde entstand vor ungefähr 4,6 Milliarden Jahren aus einer Wolke aus Gas und Staub, nahm durch laufende Kollisionen mit anderen Partikeln und Gesteinsbrocken an Masse zu, die sich durch die Gravitation verklumpten und zu einer Kugel formten. Die Kollision mit einem marsgroßen Himmelskörper, genannt Theia, sprengte einen Teil der Ur-Erde ab, und die Teile beider Himmelskörper gerieten in eine Erdumlaufbahn und formten den Mond. Dies geschah im Hadaikum, etwa 30 bis 50 Millionen Jahre nach der Staubphase. In weiterer Folge kühlte die Erde ab, bildete die Erdkruste und war schlussendlich vorwiegend von flüssigem Wasser bedeckt.

Woher das Wasser kam, ist wissenschaftlich noch nicht eindeutig belegt, man geht von der These aus, dass ein Komet das Wasser auf die Erde brachte. Es wäre aber auch möglich, dass Wasser auf der Erde selbst entstand, nachdem die Erde ihre Atmosphäre bildete. In Südafrika, im Witwatersrand Bassins fanden Johanna Lippmann-Pipke von der Forschungsstelle Leipzig des Helmholtz-Zentrums Dresden-Rossendorf und ihre Forschungskollegen im Jahre 2011 in einer tief gelegenen Diamantmine zwei Milliarden Jahre altes Wasser in 3km Tiefe. Darin tummeln sich auch Mikroorganismen, die sich abgeschieden von Licht und organischen Nährstoffen bildeten.

Viele Zufälle spielten zusammen, so dass sich auf der Erde das Leben bilden konnte, das wir heute kennen. Die Erde befindet sich in einer „Habitablen Zone", in einem Abstand zur Sonne, der flüssiges Wasser zulässt. Wäre die Erde um nur 5% näher an der Sonne, würde das Wasser verdampfen, wäre sie weiter entfernt, würde es gefrieren. Für das Leben in unserer Form ist flüssiges Wasser bekanntlich die Existenzgrundlage.

Auch auf dem Jupitermond Europa und auf dem Saturnmond Enceladus entdeckten Wissenschaftler flüssiges Wasser. Wie die Raumsonde Cassini im Jahre 2005 messen konnte, besitzt Enceladus neben Wasser auch Wärme und organische

Chemikalien, somit alle Grundlagen um Leben zu bilden, obwohl er sich weit außerhalb der Habitablen Zone befindet. Er bezieht die Wärme aus seinem Inneren, wie dies genau vor sich geht, ist noch nicht erforscht, man vermutet eine Art von Gezeitenreibung. Es wurden bereits 1235 Planeten in anderen Sternensystemen entdeckt, von denen sich über 50 in Habitablen Zonen befinden, also Leben beherbergen könnten. (Stand Anfang 2011)

Gegen Ende des Archaikums, vor etwa 2,4 Milliarden Jahren, begann der Sauerstoffgehalt in der Erdatmosphäre anzusteigen, wodurch sich Ozon bilden konnte, das die für Lebensformen schädliche UV-Strahlung der Sonne filterte. Cyanobakterien (Blaualgen), die sich im Wasser bildeten nutzten das Sonnenlicht zur Photosynthese und produzierten Sauerstoff als Abfallprodukt, der in die Atmosphäre entweichen konnte. Der Entwicklung lebender Organismen an Land stand somit nichts mehr im Wege. Ohne Sauerstoff, so ist man sich in wissenschaftlichen Kreisen einig, wäre kein höheres Leben auf der Erde entstanden.

Alfred Lothar Wegener, ein deutscher Geowissenschaftler, stellte 1912 seine Theorie über die Kontinentalverschiebungen der Öffentlichkeit vor. Er vertrat unter anderem die Theorie, dass zu Ende des Paläozoikums ein einziger Superkontinent die Landmasse der Erde bildete. Dieser wurde später „Pangea" (*gr. Pan = ganz, gaia = Erde),* genannt. Seine Theorie wurde erst posthum anerkannt, auch die später eingeführte Bezeichnung „Pangea" benutzte er nur ein einziges Mal in seinen Aufzeichnungen.

1915 erschien sein Buch „Entstehung der Kontinente und Ozeane" in sechs Auflagen. Vor etwa 135 Millionen Jahren zerfiel dieser Urkontinent in die uns heute bekannten Kontinente.

Wie und wann das Leben auf der Erde entstand, ist nicht bekannt. Die ältesten Spuren fand man in Westaustralien, im so genannten „Apex Chert", in Form von fossilen Stromatolithen, deren Alter man auf etwa 3,46 Milliarden Jahre datierte. Der Apex Chert galt seither als Wiege der Evolution. *(Bild 1)*

Stromatolithen sind biogene Sedimentgesteine, die aufgrund des Wachstums und des Stoffwechsels von Mikroorganismen entstehen. Woher aber der Lebensfunke kam, ist nach wie vor nicht eindeutig erforscht. Es gibt sowohl Theorien, die die Entstehung des Lebens auf der Erde vermuten, als auch Theorien, dass das Leben von Himmelskörpern, die auf der Erde eingeschlagen haben, eingeschleppt wurde. Jedenfalls soll sich aus diesen Mikroorganismen im Laufe der Jahrmillionen durch Evolution die Artenvielfalt in der Pflanzen- und Tierwelt entwickelt haben. Diese Theorie ist jedoch nach wie vor umstritten, da sich keine eindeutigen evolutionären Nachfolger dieser primitivsten präkambrischen Lebensform nachweisen lassen.

Nach den globalen Eiszeitaltern der Erde (Schneeballerde) vor ca. 2,2 Milliarden Jahren (Makganyene-Episode) und von 850 bis 630 Millionen Jahren, wo in diesem Zeitraum zwei Vereisungszyklen stattfanden, lassen sich Lebensformen einreihen, die als Vorläufer der explosionsartigen Entstehung der Artenvielfalt im Kambrium (Kambrische Explosion) gelten könnten. 2004 entdeckte der chinesische Wissenschaftler Jun-Yuan Chen von der Universität Nanjing mit einem Forscherteam in der Doushantuo-Formation im Südwesten Chinas die ältesten fossilen Vielzeller mit zweiseitig symmetrischem Körper. Sie nannten diese bilateral organisierte Lebensform, entsprechend ihrem Auftreten nach den globalen Eiszeitaltern „Vernanimalcula", was so viel bedeutet wie „kleines Frühlingstierchen". Aber auch diese Entdeckung wird noch angezweifelt, es gibt Einwände, dass es sich hierbei überhaupt um Fossilien tierischen Ursprungs handle, sondern nur um Mineralkrusten, die sich rund um abgestorbene Mikroorganismen bildeten, was in China keine Seltenheit ist. Jedoch sollen zehn Funde gleicher Art und Größe die Theorie untermauern. Auch wenn dieser Fund als Vielzeller bestätigt wird, ist damit die Frage nach der heute existierenden Artenvielfalt noch nicht beantwortet. Die „Kambrische Explosion" ist nach wie vor ein Mysterium, da im Zeitraum von 565 bis 530 Millionen Jahren explosionsartig fast alle Stämme in voll ausgeprägter Form auftraten. Das Mysterium besteht darin, dass man keine genetischen Vorfahren nachweisen kann. Es gibt auch keinen fossilen Hinweis darauf, dass diese im Kambrium entstandenen Arten einen gemeinsamen Vorfahren im Präkambrium haben. 1,2 Millionen vielzellige Arten sind uns heute bekannt, man schätzt, dass es insgesamt an die 10-20 Millionen Arten gibt.

1 Stromatolithen

Unsere Schulbücher weisen vorsichtig darauf hin, dass die Vorstufe zum Homo Sapiens evolutionär nicht eindeutig geklärt ist, jedoch setzt die erste Kontinuität der Evolution bereits vor über 500 Millionen Jahren aus. Charles Darvin, (* *12. Februar 1809 in Shrewsbury; † 19. April 1882 in Down*) der britische Naturforscher und Begründer der Evolutionstheorie stützte seine Forschungen auf Beobachtungen der Natur, alles was er nicht mit freiem Auge sah, entzog sich seiner Aufmerksamkeit. Wie man durch die Verwendung moderner, heutiger Technik weiß, werden viele essenzielle Fragen in den Bereichen der Medizin, Biologie, Kosmologie, Physik und vielen anderen Wissenschaften erst durch die Verwendung von Mikroskopen und Elektronenmikroskopen, sowie hochmoderner Geräte beantwortet. Im neunzehnten Jahrhundert verfügte man noch nicht über solche Apparaturen, die man für die Forschung einsetzen konnte, daher sind mittlerweile viele dieser Erkenntnisse bereits überholt und widerlegt, obgleich sie noch nicht in die allgemeine Lehre durchgesickert sind.

Besonders in der Erforschung der Ur- und Frühgeschichte ist man in hohem Maße auf die Untersuchung von Gesteinsformationen und Funden angewiesen, da es aus dieser Zeit keine schriftlichen Überlieferungen gibt. Je moderner die Werkzeuge für die Untersuchungen sind, desto genauer werden auch die Ergebnisse.

Ob nun das weitere Leben nach der Kambrischen Explosion im Paläozoikum nach den Regeln der Evolutionstheorie erfolgte oder nicht, sei vorerst dahingestellt.

Im weiteren Verlauf des Paläozoikums entstanden die ersten Landpflanzen, die ersten Reptilien, geflügelten Insekten, Lungenfische und Landwirbeltiere. Diese, auch Erdaltertum genannte Epoche, teilt sich in Kambrium, Ordovizium, Silur, Devon, Karbon und Perm und dauerte von 543 bis 248 Millionen Jahre vor unserer Zeit. Die Übergänge dieser Epochen sind natürlich nicht hart abgegrenzt sondern fließend, da sich die Entwicklung nicht in allen Teilen der Erde gleichermaßen vollzog. Dies gilt auch für das nachfolgende Erdmittelalter, oder Mesozoikum, beginnend vor 248 Millionen

Jahren, das sich in Trias, Jura und Kreide unterteilt und vor 65 Millionen Jahren endete. In dieser Zeit war die Erde von riesigen Dinosauriern dominiert, und war bereits Lebensraum der ersten Säugetiere, Lurche, Urvögel und Schildkröten. Mit dem Ende der Dinosaurierherrschaft ebnete sich der Weg für die Entwicklung der Säugetiere und somit auch letztendlich für den Menschen, so die Schulwissenschaft. Im Känozoikum, auch Erdneuzeit genannt, entwickelten sich die höheren Säugetiere. Das Känozoikum begann vor etwa 65 Millionen Jahren und teilt sich in die Abschnitte Tertiär und Quartär, die sich wiederum in Paläogen und Neogen, sowie in Pleistozän und Holozän unterteilen. Die aktuelle Epoche ist also das Holozän. Im Neogen trat der Australopithecus etwa vor 4,5 Millionen Jahren erstmals auf, die ersten Hominiden datiert man auf etwa 4,8 Millionen Jahre vor unserer Zeit. Der Name „Australopithecus" hat nichts mit Australien zu tun, er erhält seinen Namen vom lateinischen Wort für „australis", lat."südlich", und „pithekos", altgriechisch „Affe".

Vor 0,8 Millionen Jahren, im Pleistozän, soll der „Homo Sapiens" erstmals die Bühne der Welt betreten haben, unser direkter Vorfahre, wie man behauptet.

Am 17. Dezember 1992 entdeckte man im Nordosten des heutigen Äthiopiens die ersten Knochen eines 4,4 Millionen alten, aufrecht gehenden schimpansenartigen Wesens, das heute „Ardi" genannt wird. In den darauf folgenden 15 Jahren wurden laufend weitere Knochen des Skeletts gefunden, das Aufschluss darüber gab, dass dieser *„Ardipithecus ramidus"* im Stammbaum genau zwischen dem aufrecht gehenden Menschen und den Schimpansen angesiedelt ist. Der letzte gemeinsame Vorfahre von Menschen und Schimpansen ist Ardi zwar nicht, aber sehr nahe an dem noch immer mysteriösen „Missing Link". Die Schimpansen laufen auf ihren Knöcheln, Ardi tat das nicht.

Die berühmte *„Lucy"*, die seit 1974 bekannte Australopithecus-Dame, wurde auch in Äthiopien gefunden, wies ebenfalls Anzeichen des aufrechten Ganges auf und zählt zu den frühesten Vorfahren des Menschen. Das Vorkommen dieser Spezies datiert man auf etwa 3,7 bis 2,9 Millionen Jahre. Die jüngste Entdeckung stammt aus Südafrika, wo man zwei Skelette fand, die vor etwa 2,3 Millionen Jahren gelebt haben und Merkmale des affenähnlichen *„Australopithecus africanus"* sowie des *„Homo habilis"* aufweisen. Dieser Gattung gab man die Bezeichnung *„Australopithecus sediba"*. Aber auch diese Art kann noch nicht als das fehlende evolutionäre Bindeglied angesehen werden.

Der „Homo Habilis" zählt bereits zu den frühen Vorfahren des „Homo Erectus" und lebte etwa 2,6 bis 2,1 Millionen Jahre vor unserer Zeit, gefolgt von „Australopithecus robustus", vor 2,0 bis 1,0 Millionen Jahren und dem „Homo Ergaster", der vor 1,8 bis 1,5 Millionen Jahren lebte. Der „Homo Erectus" lässt sich bis vor etwa 40.000 Jahre nachweisen. Er bildete die erste humanoide Spezies, die einfache Hütten baute und auch das Feuer gezielt nutzen konnte. Zeitlich überschneidend durchquerte auch bereits der Neandertaler Europa, dessen Vorkommen man auf 220.000 bis 30.000 Jahre vor unserer Zeitrechnung festlegen kann. Er gilt nicht als Vorfahre des „Homo Sapiens" der vor etwa 65.000 Jahren auftrat, sondern einer parallel auftretenden Art, mit der sich der Homo Sapiens gelegentlich vermischte, wie aus heutigen DNA Tests hervorgeht. Auch der moderne Mensch trägt Neandertaler-DNA in sich.

Das Erdzeitalter, ab dem der „Homo Sapiens" vor etwa 750.000 erstmals in Mitteleuropa auftrat, liegt in der Altsteinzeit („Paläolithikum"), die in Afrika vor etwa 2,6 Millionen Jahren mit den ersten Steinwerkzeugen begann (vermutlich vom „Homo Ergaster") und die vor etwa 10000 Jahren in die Mittelsteinzeit („Mesolithikum") überging. Die Jungsteinzeit („Neolithikum") begann vor etwa 7600 Jahren und endete vor 4200 Jahren in der Bronzezeit. Auf die Bronzezeit folgt vor etwa 2750 Jahren die Eisenzeit. Die Entwicklung der verschiedenen Kulturen erfolgte nicht synchron, und so sind auch die Abgrenzungen der einzelnen Epochen fließend. Wenn man bedenkt, dass es auch in der heutigen Zeit noch Urvölker gibt, die auf steinzeitlichem Niveau leben, lässt sich dies leicht nachvollziehen. So lebten manche Kulturen noch in der Mittelsteinzeit, während anderswo bereits die Bronzezeit und Eisenzeit Einzug hielten.

Die Herkunft des modernen Menschen, des Homo Sapiens Sapiens, ist nach wie vor ein Rätsel. Die Wissenschaft erhofft sich, eines Tages das fehlende Bindeglied in der Evolutionskette zu finden. Das Wissensmagazin „Scinexx" berichtet in der online-Ausgabe vom 23.August 2021, dass der Wissenschaftler Belen Lorente-Galdos von der Universität Pompeu Fabra in Barcelona heutige Afrikaner genetisch unter die Lupe genommen hat und Gene einer bisher unbekannten Art entdeckte, mit der sich der moderne Mensch irgendwann im Laufe grauer Vorzeiten gekreuzt haben muss. Vor allem fand man diese genetischen Spuren in der DNA von Populationen aus Subsahara-Afrika, darunter den Khoisan, den Mbuti-Pygmäen und dem Volk der Mandinka. So lange ein Stein in der menschlichen Evolutionskette fehlt, kann der Mensch aus der Evolutionstheorie ausgeklammert werden und somit könnte sein erstes Auftreten irgendwann in der Geschichte platziert werden. Er könnte genauso gut bereits vor 2 Millionen Jahren voll entwickelt gelebt haben, oder vor 1 Million Jahren oder vor 100.000 Jahren. Er könnte bereits gemeinsam mit Dinosauriern gelebt haben, und es könnte bereits hoch entwickelte Kulturen in grauer Vorzeit gegeben haben, die durch Naturkatastrophen wieder verschwunden sind. Dies würde einige offene Fragen beantworten, die die Wissenschaft so krampfhaft zu ignorieren versucht. Die Bejahung dieser Theorie ist genauso wenig bewiesen wie die Verneinung, doch es sprechen mehr Indizien dafür als dagegen. War man lange der Meinung, der Homo Sapiens in unserer heutigen Form trat erstmals vor etwa 40000 Jahren auf, so berichtet die GEO-Ausgabe 07/2017 von Knochenfunden im Jahr 2007 in Marokko, die zweifelsohne von Unseresgleichen stammen und 300.000 Jahre alt sind. Dies wirft nun ein völlig anderes Bild auf die menschliche Entwicklung und es wäre an der Zeit, die Geschichte neu zu schreiben. Wenn man bedenkt, dass wir uns vom Steinwerkzeug bis zur Fähigkeit der globalen Selbstzerstörung nur 10000 Jahre benötigt haben, so hätte dies vor der Eiszeit, also in vorsintflutlicher Zeit bereits dreißigmal passieren können.

3. Datierungsmethoden

Die Ur-Geschichte beginnt mit dem Auftreten der ersten Steinwerkzeuge in Afrika vor etwa 2,5 Millionen Jahren bis zum Aufkommen der ersten menschlichen Schriftzeugnisse. An diese Epoche schließt die Frühgeschichte an, deren Erforschung trotz einiger Schriftzeugnisse auf archäologische Erkenntnisse angewiesen ist.

Um Funde chronologisch richtig einzuordnen ist eine möglichst genaue Altersbestimmung unerlässlich. Je nach Beschaffenheit und Art der Funde kann man hier auf verschiedenste Möglichkeiten zurückgreifen. Die folgende Erklärung der Datierungsmethoden lässt jedoch auch die Fehlerpotentiale erkennen, denen die einzelnen Methoden ausgesetzt sind.

Die Kalium-Argon-Methode wird aufgrund der hohen Halbwertszeit des ^{40}K - Isotops für die absolute Datierung geologischer Schichten verwendet. ^{40}K zerfällt mit einer Halbwertszeit von $1,3.10^9$ Jahren in das Argon-Isotop ^{40}Ar. Die untere Altersgrenze für die Datierung liegt bei 500.000 Jahren. Grundvoraussetzung für die Altersbestimmung ist jedoch, dass das Gestein vulkanischen Ursprungs ist, bei dessen Bildung das Argon entweichen konnte. So wird gewährleistet, dass nur Argon im Gestein vorhanden ist, das seit der Gesteinsbildung entstanden ist.

Die Radiokarbon-Methode hat den Zerfall des radioaktiven Kohlenstoff – Isotops ^{14}C zur Grundlage. Durch kosmische Strahlung entsteht aus dem Stickstoff – Isotop ^{14}N das ^{14}C – Isotop. Solange der Organismus lebt, wird ständig Kohlenstoff aufgenommen, und das Verhältnis des Hauptisotopes ^{12}C zum radioaktiven Kohlenstoff bleibt konstant (^{12}C : ^{14}C = 1: 10^{-12}). Nach dem Absterben des Organismus zerfällt das ^{14}C mit einer Halbwertszeit von 5730 Jahren. Datieren lassen sich kohlenstoffhaltige, insbesondere organische Objekte. Die Zeitspanne, für die die Radiokarbon-Methode anwendbar ist, beträgt in etwa 500 bis 30.000 Jahre vor heute.

Die Thermolumineszenz - Methode wird verwendet, um das Alter von Tonen und Gesteinen zu bestimmen. Radioaktiv geschädigte Kristallgitter senden bei Erhitzung über 500 °C ein schwaches Licht aus. Aufgrund dieser Lichtemission geeigneter Kristalle (z.B. Quarz) lässt sich das Alter des Gegenstandes bestimmen, der diese Kristalle enthält. (z.B. Tongefäße, Lehmprodukte, Feuerstellen) Diese Methode ist für einen Zeitraum von 50.000 bis 500.000 Jahren anwendbar.

Die Dendrochronologie basiert auf der Erkenntnis, dass sich Klimaeinflüsse in den Abständen der Jahresringe von Bäumen abbilden. Eine standardisierte Eichen-Jahresringkurve für Europa, die bis in das Jahr 8022 v.Chr. zurückreicht, dient der Altersbestimmung alter Hölzer. Die Genauigkeit beträgt bei erhaltenem Übergang von Rinde zu Holz und störungsfreiem Wuchs angeblich weniger als 1 Jahr.

Die Warven-Methode beruht auf dem jährlichen Wechsel der Sedimentverhältnisse in Seen oder im Meer. Durch zählen der Warven kann auf das Alter der Sedimente geschlossen werden.

Weitere physikalische Datierungsmethoden basieren auf der Ausrichtung magnetischer Bestandteile in Objekten in Bezug auf das Erdmagnetfeld, sowie auf die Polumkehrungen des Erdmagnetfeldes, die etwa alle 100.000 Jahre auftreten.

Die Datierung durch Statigraphien, die nach dem Prinzip erfolgt, dass obere Gesteins- oder Sedimentschichten jünger sind, als untere. Dabei wird nur die zeitliche Abfolge der Schichten bestimmt, ohne das absolute Alter der Gesteinsschichten zu kennen. Dies wird unter anderem durch so genannte Leitfossilien bestimmt, die in bestimmten

Schichten vorkommen und deren Alter man bereits kennt. Auch die Verwendung diverser Gebrauchsgegenstände, Herstellungsmethoden und verwendete Materialien lassen auf das Alter der Funde rückschließen.

All diese Altersbestimmungsmethoden sind jedoch nicht unfehlbar. Die Radiokarbonmethode ist zwar für ein Alter bis etwa 5000 Jahre relativ genau, je länger aber der Zeitraum, desto ungenauer und problematischer wird sie, da der ursprünglich ohnehin geringe Wert der noch vorhandenen Isotope im Objekt nach bereits 23.000 Jahren auf 6,25% gesunken ist. Darüber hinaus ist erdgeschichtlich nicht anzunehmen, dass der ^{14}C – Gehalt in der Atmosphäre immer konstant war. Auf sehr alte Objekte bezogen birgt diese Altersbestimmung erhebliche Fehlerquellen, die mit Hilfe der Dendrochronologie „kalibriert" werden muss, eine Altersbestimmungsmethode, die ihrerseits auch sehr unzuverlässig ist. Professor Hans-Ulrich Niemitz und Christian Blöss, die Gründer des Berliner Geschichts-Salons veröffentlichten unter dem Titel *„Der Selbstbetrug von C-14-Methode und Dendrochronologie"* starke Zweifel an den Datierungsmethoden: *"Der Kenner weiß, dass die C-14-Methode ohne Schützenhilfe der Dendrochronologie schon* *längst verloren gewesen wäre: Eine C-14-Messung muss, um aussagekräftig zu werden kalibriert werden, und nur die Dendrochronologie liefert die dafür benötigte umfassende Kalibrierquelle."* Gleichzeitig heißt es aber auch: *"Dagegen ist kaum bekannt, dass die Dendrochronologie ohne C-14 niemals eine lückenlose Baumringesquenz [...] zustandegebracht hätte."* (Hans J. Zilmer, 2015 S.78)

Auch die Warven-Methode lässt Zweifel an der Genauigkeit aufkommen, da auch diese Methode eine Kontinuität der Verhältnisse des Beobachtungszeitraumes voraussetzt. Ein vermehrtes Aufkommen von Flutwellen während eines Jahres kann zusätzliche Tonschichten ablagern, die jeweils für ein separates Jahr gezählt werden könnten. Dies ist jedenfalls gegeben, wenn es eine weltweite Sintflut gegeben hat. Somit sind die Altersbestimmungen nur dann effektiv und verlässlich, wenn die atmosphärischen Begebenheiten sowie die Strahlung auf der Erde immer so waren, wie man sie heute vorfindet. Dies war aber mit Sicherheit nicht der Fall und somit kann nicht mit Gewissheit angenommen werden, dass unser heutiges historisches Wissen auf echten Fakten basiert, eher scheint das Gegenteil der Fall zu sein.

4. Irrläufer der Evolution

Die Frage, die den Menschen am meisten beschäftigt ist die Frage nach dem „woher" und „wohin". Für das „woher", das vor Darwin's Evolutionstheorie ausschließlich Gott zugeschrieben wurde, gibt es seit dem 19. Jahrhundert diese alternative Antwort. Für die Gläubigen ist es nach wie vor Gott, der einst die Menschen erschuf, für die Realisten ist es der Entwicklungsprozess der verschiedensten Arten, der aus einem Reptil im Laufe der Zeit einen Menschen werden ließ.

Wenn man den Wissenschaften Glauben schenken will, und gemeint sind damit alle Wissenschaften, auch die so kritisch beäugten Grenzwissenschaften, dann können durchaus beide Theorien richtig sein. Die allseits anerkannte Schulwissenschaft wird ebenso mit Fug und Recht unter Vorlage von Fakten und Indizien in Frage gestellt wie die Grenzwissenschaften. Der Unterschied liegt nur darin, dass die Erkenntnisse der Grenzwissenschaften nicht in das menschlich-kulturelle Weltbild passen, die Ergebnisse der Schulwissenschaften hingegen schon.

Darwin erkannte bereits selbst, dass es in seiner Theorie Lücken gab, für die er keine Erklärung hatte. Wenn sich aus einer Flosse eine Greifhand bildet, so müsste es Arten geben, deren Flossen bereits zu einem bestimmten Prozentsatz zu Händen umgebildet sind. Diese Zwischenstufen gibt es aber nicht. Rätselhaft ist auch die „Kambrische Explosion". In der Sedimentschicht, die dem Kambrium zugeordnet wird, existiert eine Unmenge von Lebewesen, in der Schicht darunter gibt es so gut wie nichts. Wie konnten von heute auf morgen alle Arten entstehen, die es kurz vorher noch nicht gab? Woraus konnten sich auch einzelne Fähigkeiten entwickeln, die technisch so außergewöhnlich und bei keiner anderen Art zu finden sind? Beispielsweise erzeugt der südamerikanische Schmetterling „*Morpho rhetenor*" seine wunderschöne Farbe durch die Geometrie seiner Flügeloberfläche, die Lichtinterferenzen bewirkt. Die Flügel enthalten keinerlei Farbstoffe. Die Farbe wird durch Ausfiltern und Verstärkung verschiedener Lichtfrequenzen erzeugt.

Ein weiteres Beispiel technischer Raffinesse im Tierreich wäre der Bombardierkäfer: 1961 nahm der deutsche Chemiker, Professor Dr. Hermann Schildknecht, eine Untersuchung dieses genialen Insekts vor:

Der „Bombardierkäfer" erzeugt zwei an sich harmlose Chemikalien und mischt sie mit einem Stabilisator. Die beiden

Chemikalien, Wasserstoffperoxyd und Hydrochinon sind an sich harmlos, werden jedoch unter Beimengung eines Aktivatorstoffes zu einem explosiven Gemisch. Bei Gefahr leitet der Käfer die Chemikalien in zwei Brennkammern und schießt mit einer echten Explosion heiße, übel riechende, stechende Gase auf seine Angreifer. Woraus haben sich diese Fähigkeiten entwickelt? Evolutionstechnisch ist es absolut unmöglich, verschiedene Chemikalien zu produzieren, diese in verschiedenen Kammern zu speichern, einen Hemmstoff und einen Aktivator zu produzieren und diese Stoffe so zu mischen, dass sie bei Bedarf durch ein lenkbares Rohr auf Angreifer schießen. Jahrhunderttausende lang hätten sich diese Käfer während der Entwicklung ihrer Hitec-Waffe selbst in die Luft gesprengt. Dass all diese Fähigkeiten und deren Kombination durch evolutionäre Zufälle entstanden sind, ist wohl kaum anzunehmen.

Ein weiterer evolutionärer Ausreißer ist der Mensch. Wenn es dem Menschen auch eigen ist, sich selbst als „Krone der Schöpfung" oder „Meisterwerk der Evolution" zu bezeichnen, so ist er in Wahrheit wohl eher ein „Irrtum der Evolution", denn kaum eine andere Spezies ist so fehlerbehaftet, wie die des Menschen. Die körperlichen Fähigkeiten stehen denen anderer Arten in vielem nach, wenn man sich den Sehsinn von

Greifvögeln, das Gehör und den Geruchssinn von Hunden und Katzen vergleichsweise vor Augen hält. Evolutionsbiologen der University of Michigan haben insgesamt 14.000 Gene verglichen, die sowohl der Mensch als auch der Schimpanse in sich trägt. Verblüfft stellten sie fest: Beim Affen haben sich 233 Gene perfektioniert. Beim Menschen sind es nur 154. Beim Schimpansen haben sich viel mehr schlechte Merkmale durch die Vererbung herausentwickelt, darum ist dieser dem Menschen genetisch überlegen und auch gegen Krankheiten resistenter. Nur zwei bis vier Prozent der Menschenaffen sterben an Krebserkrankungen – beim Menschen ist es jeder Fünfte. Außerdem erkranken Schimpansen nicht an Aids, obwohl sie sich mit HIV infizieren können, sie bekommen kein Rheuma, genauso wenig wie etwa Malaria oder Alzheimer.

Was aber noch schwieriger mit der Evolutionstheorie in Einklang gebracht werden kann, ist das menschliche Gehirn, das einzige, das dem Menschen seine Vormachtstellung gegenüber allen anderen Arten bescherte, aber auch das einzige, das ihm früher oder später unweigerlich zum Verhängnis werden wird.

Dr. Paul D. MacLean war Leiter des Laboratoriums für Hirnentwicklung und Verhaltensforschung am National Institute of Mental Health, Bethesda, Maryland. Er beschreibt das menschliche Gehirn folgendermaßen: *„Der Mensch befindet sich in der misslichen Lage, dass er von der Natur mit drei grundlegend unterschiedlichen Hirnpartien ausgerüstet wurde, die trotz ihrer verschiedenen Struktur zusammenwirken und sich untereinander verständigen müssen. Die älteste dieser Partien stammt noch von den Reptilien. Die zweite ist von den niederen Säugetieren ererbt, und die dritte ist eine späte Entwicklung der Säugetiere, die ... den Menschen eigentlich zum Menschen gemacht hat.“*

Der Mensch ist die einzige Spezies, die sich der eigenen Vergänglichkeit bewusst ist, erst seiner individuellen Vergänglichkeit, mittlerweile auch der seiner gesamten Art. Während sich der archaische Bereich unseres Gehirns, der die Instinkte, Leidenschaften und Antriebe steuert, von der Evolution kaum berührt wurde, so entwickelte sich der Neocortex während der letzten 500.000 Jahre in explosionsartigem Ausmaß. Wissenschaftler sprechen von einer evolutionären Unmöglichkeit, so wie auch von „krebsartigem Wachstum“. Es scheint die Zusammenarbeit dieser Zentren durch das schnelle Wachstum des Neocortexes nicht ausreichend zu funktionieren, und es herrscht ein gestörtes geistiges Gleichgewicht, das Glauben und Vernunft, sowie Gefühl und Intelligenz in dauerndem Konflikt erscheinen lassen. Das neu entwickelte Gehirn des modernen Menschen hat keine Kontrollinstanz gegenüber den alten archaischen Strukturen, was sich darin widerspiegelt, dass sich der Mensch von Religionen oder fanatisch politischen Anreizen zu einem Verhalten hinreißen lässt, das seiner Vernunft völlig widerspricht. Dies äußert sich entlang der gesamten Geschichte der Menschheit, die von Kriegen geprägt ist. Der Mensch besitzt als einziges Wesen die Fähigkeit, seine gesamte Art auf einen Schlag auszurotten. Auch die Bereitschaft, jederzeit gegen seine Artgenossen Krieg zu führen kann nicht von der Evolution gewollt sein, die jedem Lebewesen einen Arterhaltungstrieb einpflanzte. Die alten, archaischen Bereiche des Gehirns lehnen die Vernichtung der eigenen Art und des Individuums ab, der rationale Teil muss daher dem Entsetzen des irrationalen emotionalen Teils rationale Erklärungen liefern. Da der Glaube älter ist als das Wissen, mussten Götter, Dämonen und Geister erfunden werden um auch dem emotionalen Teil des Gehirns die nötige Befriedigung zu geben. Auch ist der Mensch zwar in der Lage, auf dem Mond zu landen, jedoch ist er nicht fähig, seine sozialen Probleme auf dem Planeten Erde in den Griff zu bekommen. Wie auch bei anderen Arten hätte man eine langsame Entwicklung des menschlichen Gehirns erwartet, die Realität ist jedoch eine ganz andere. Anstatt die archaische Gehirnstruktur langsam weiter zu entwickeln, scheint es, als hätte die Natur einfach eine neue Struktur über die alte gelegt, die sich nun in einem chronischen Konflikt zwischen Vernunft und Emotionen äußert. Die Evolutionstheorie kann in diesem Punkt keine zufriedenstellende Antwort liefern. Da bleibt nur noch „Gott" übrig, der hier die Finger im Spiel hatte. Mit „Gott" ist hier nicht irgendein religiöses Phantasieprodukt gemeint, sondern die Möglichkeit, dass es in der grauen Vergangenheit etwas gegeben hat, das aktiv in die menschliche Entwicklung eingegriffen hat, sozusagen der Evolution einen leichten Schubs verpasst hat. Es gibt sehr wohl uralte schriftliche Aufzeichnungen, die über Begebenheiten dieser Art berichten. Jedoch will die Schulwissenschaft damit nichts zu tun haben, obwohl die Schriften hundertprozentig authentisch sind. Die Sumerer berichteten schon in ihren ältesten Überlieferungen von *Göttern*, die gentechnische Experimente an Menschen durchführten. Da diese Berichte aber so alt sind, passen sie nicht in unser Weltbild und werden daher mit allen Mitteln anders interpretiert. Dazu mehr im nächsten Kapitel.

5. Antike Überlieferungen

5.1 Das Gilgamesch Epos

Eine der ältesten schriftlichen Aufzeichnungen, das **„Gilgamesch Epos"** stammt aus dem babylonischen Raum um rund 2100 v.Chr. und besteht aus 12 mit Keilschrift beschriebenen Tontafeln. Sie berichten über den König Gilgamesch, zu zwei Drittel Gott und zu einem Drittel Mensch, der in der Zeit von 2750 - 2600 v.Chr. über die Stadt „Uruk", in der Bibel bekannt als „Erech", geherrscht haben soll. Uruk war bereits 4000 v.Chr. besiedelt und war um 3000 v.Chr. Zentrum der sumerischen Kultur. Der Held Gilgamesch stößt bei seinen Reisen unter anderem auf einen weisen Mann namens „Utnapischtim", der eine Arche baut, um sich vor der drohenden großen Flut zu retten, ein aus der Bibel bekanntes Szenario. Auf einem Fragment der 5. Tafel wird ihm der Weg zu den „Anunnaki", den Göttern eröffnet. Ob es den König Gilgamesch wirklich gab, oder ob er eine Sagengestalt ist, ist nicht geklärt, Uruk jedoch gab es definitiv. Wenn man über mysteriöse Schriften aus Mesopotamien spricht, so stößt man unweigerlich auf den amerikanischen Bestseller-Autor Zacharia Sitchin, der über die Übersetzungen der sumerischen Keilschrifttafeln abenteuerliche Theorien aufstellte, die von der Fachwelt sehr kritisiert werden. Er behauptet, die Anunnaki hätten vor 432.000 Jahren die Erde aufgesucht und den Menschen als Arbeitssklaven genetisch erschaffen. Sie sollen vom Planeten „Nibiru" stammen, einem noch nicht entdeckten Planeten unseres Sonnensystems. (Mittlerweile hat man jedoch die Existenz eines unbekannten, großen Planeten mit sehr langer Sonnenumlaufzeit wissenschaftlich bestätigt.) Dass die Schulwissenschaft sich mit Wonne auf Autoren dieser Art stürzt ist keine Überraschung, doch gibt es in diesen alten Schriften durchaus Hinweise darauf, dass es nicht so war, wie uns die Fachwelt erklärt.

2 Gilgamesch Epos

3 Athrahasis Epos

4 Enuma Elisch

Etwas früher als das „Gilgamesch Epos" wurde das **Atrahasis-Epos** auf 3 Tontafeln verfasst. Diese Tafeln enthalten die Erschaffung der höheren Götter, der „Anunnaki", der niederen Götter, der „Igigu" und der Menschen, weiters enthalten sie den ältesten Sintflutbericht, wie er später auch im Gilgamesch-Epos Einzug hielt und sich viele Jahrhunderte später in der Bibel wieder fand. (Athrahasis erhielt von Enki den Auftrag, ein wasserdichtes Schiff zu bauen....)

Ein interessanter Fund ist auch das „**Enuma Elisch**", ein auf sieben Tontafeln in Keilschrift verfasster Bericht der Entstehung der Welt, der Götter und der Menschen. Diese Verse sind fast vollständig erhalten. „Enuma Elisch" bedeutet frei übersetzt *„als oben der Himmel noch nicht benannt war"* und bildet die erste Zeile dieses Epos. Die 6. Tafel berichtet darüber, dass Menschen erschaffen wurden, um den Göttern die mühselige Arbeit abzunehmen und 600 Götter, 300 im Himmel und 300 in der Unterwelt als Wachen eingesetzt werden. Insgesamt werden auf dieser und der nachfolgenden Tafel 50 Namen genannt. *(Vergl. die Wächter im Henochbuch und die Auflistung ihrer Namen Anm.d.Autors)*

Dass die Sintflut tatsächlich stattgefunden hat, darüber ist sich die Wissenschaft längst einig. Es gibt lediglich verschiedene Theorien, wo und wann genau sie stattfand, oder ob es gar mehrere gibt von denen man überall Überlieferungen findet. Berichte darüber gibt es in fast jeder Kultur, die alte schriftliche Überlieferungen besitzt. Somit wäre ein Teil dieser Keilschrifttafeln als historischer Bericht bestätigt. Dass es eine Flut in grauer Vorzeit gab, ist nichts Außergewöhnliches. Auch in unserem Jahrhundert gab es einen katastrophalen Tsunami. Das Außergewöhnliche daran ist, dass einige Menschen es schon vorher wussten. Wer sagte Noah oder Utnapischtim, dass eine Flut kommen würde, und zwar so lange vorher, dass sie noch genügend Zeit für den Bau eines riesigen Schiffes hatten? Wer gab Noah die detaillierten Pläne für den Schiffsbau die das Länge/Breite Verhältnis von 6:1 angibt, das noch heute im Schiffsbau verwendet wird? Auch über zweitausend Jahre später wurde die Arche Noah noch im Neuen Testament schriftlich erwähnt. Wurde die Flut von den *„Göttern"* absichtlich herbeigeführt oder hatten sie die Möglichkeit, Naturkatastrophen lange Zeit vorherzusehen oder gar zu verursachen? Sie könnten die Annäherung eines Meteoriten beobachtet haben, der schließlich ins Meer niederging und eine Flutwelle auslöste. Die „Götter"-Variante ist die einzige denkbare und logische Erklärung dafür. Die Menschen der damaligen Zeit waren nicht imstande Katastrophen vorherzusagen, und auch die Bibel berichtet davon, dass Noah die Informationen von „Gott" erhielt. Folglich sollte man akzeptieren, dass es diese „*Götter*", wer immer sie auch waren, zur damaligen Zeit gab. Tatsächlich fanden türkische und chinesische Forscher am Berg Ararat, wo den Überlieferungen zufolge die Arche gestrandet sein soll, in über 4000m Höhe uralte Holzfragmente und versteinerte Formationen, die an einen Schiffsrumpf erinnern. Wenn der Sintflutbericht dieser und vieler anderer Aufzeichnungen als wahr akzeptiert wird, warum dann der Rest der Schilderungen nicht, der Teil mit den Göttern? Werden hier nur die Rosinen aus dem historischen Kuchen gepickt, jene die der heutigen Lehrmeinung schmecken? Und wer bestimmt, was realistisch ist, und was nicht? Die Akzeptanz der Präsenz höherer Wesen in der Vergangenheit, die die Menschen als Götter bezeichneten, würde viele offene Mysterien erklären. Schließlich glaubt man ja auch an die Existenz des biblischen Gottes, an die des Jesus von Nazareth und an die von Engeln, jedoch nur auf religiöser, nicht auf realer Ebene.

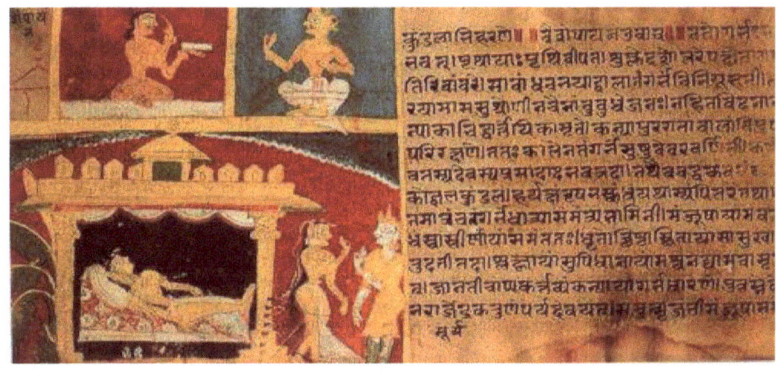

5 Seite aus dem Mahabharatha

5.2 Das Mahabharata

Auch in anderen uralten Mythen und Aufzeichnungen findet man Hinweise auf reale Begebenheiten. Das indische „Mahabharata" - *„Die große Geschichte der Bharatas"* ist das weltweit längste antike Epos und umfasst etwa 100.000 Doppelverse in Sanskrit. Das Entstehungsdatum vermutet man auf 400 v.Chr. bis 400 n.Chr., die Quellen dafür sollen jedoch auf Jahrtausende altem Wissen beruhen. Da die Inder kaum schriftliche Aufzeichnungen ihrer Geschichte betrieben, wurden alte Überlieferungen mit akribischer Genauigkeit mündlich weitergegeben. Der älteste Teil der so genannten

„Veden", das „Rigveda" enthält bereits mathematische Formeln und wird auf die Zeit um 1200 v.Chr. eingestuft. Um 500 n.Chr. schrieb man die Veden auch nieder, die aber weiterhin als brahmanisches Geheimwissen galten. Aus dieser Zeit stammt unter anderem die vedische Mathematik, eine Mathematik, die es erlaubt, verschiedene Rechenvorgänge auf einfache Weise viel schneller zu lösen, als es unsere neuzeitliche Mathematik zulässt. Woher hatten die Menschen der damaligen Zeit dieses Wissen? Haben sie es von höheren Lehrmeistern erhalten? Diverse alte Schriften behaupten es jedenfalls. Das Mahabharata berichtet unter anderem über den Gott-König „Sri-Krischna", der in der „goldenen Stadt" Dwaraka geherrscht haben soll. 1981 sollte sich jedenfalls diese Schilderung des Epos als real herausstellen. Im Golf von Cambay fanden Unterwasserarchäologen die Reste einer befestigten unterseeischen Stadt, die vor mindestens 3600 Jahren überflutet wurde. Die Spekulationen, es sei die versunkene Stadt Dwaraka bestätigten sich, als die Forscher ein steinernes Artefakt fanden, das ein dreiköpfiges Tier darstellte. Dem Mahabharata zufolge wurde ein Siegel, das exakt dieses Symbol darstellte als Ausweis benutzt, während die Stadt sich im Krieg mit dem mächtigen Reich Magadha, (dem heutigen Bihar) König Jarasandhas befand. Auch der Untergang Dwarakas wird im Mahabharata beschrieben:

"*Das Meer, das gegen die Ufer donnerte, entledigte sich plötzlich der Bande, die ihm sonst von der Natur auferlegt waren. Hinein in die Stadt stürzte die See, floss durch die Straßen der herrlichen Stadt. Bald bedeckte sie alles, was sich in ihr befand. Als sie alle dorthin blickten, sah Arjuna* (Anm.d.Autors: Sohn des Himmelsgottes Indra) *wie die prächtigen Gebäude, eines nach dem anderen, überflutet wurden. Einen letzten Blick warf Arjuna auf die Heimstätte Krishnas, die bald auch von der See bedeckt war. In wenigen Augenblicken war alles vorbei. Das Meer war nun wieder ruhig wie ein See. Kein Zeichen gab es mehr von der wunderbaren Stadt, die der Lieblingsort aller Pandavas* (Anm.d.Autors: Söhne des Königs Pandu mit seinen beiden Frauen Kunti und Madri) *gewesen war. Dwaraka war nur noch ein Name, eine Erinnerung.*"

Von Schulwissenschaftlern wird das Mahabharata, so wie alle alten mythologischen Schriften, als Phantasiebericht abgetan. Die Beweisführung der Alternativhistoriker kann nicht überzeugend genug sein, um gegen die alt eingesessene Lehrmeinung anzukommen. Krishna war ein altindischer Gott, darum kann und darf er nicht existiert haben, Götter sind und bleiben reine Mythen und haben nichts in der seriösen Historie verloren. Auch ein ehemaliger Archipel im Arabischen Meer mit sieben heute versunkenen Inseln, von denen das Mahabharata berichtet, konnte wiederentdeckt werden. Wie viele Beweise für die Historizität des Mahabharata braucht die Wissenschaft noch? Das Problem dürften wohl die Schilderungen über antike Luftkriege sein, von denen die Schulwissenschaft mit Sicherheit nichts hören will. Luftfahrt vor einigen tausend Jahren ist historisch einfach nicht vorstellbar. Es widerspricht allen geltenden Lehrmeinungen. Wenn man die versunkene Stadt als Dwaraka gelten lassen will, so muss das Mahabharata als authentisch akzeptiert werden und somit auch die Luftkriege. Es gibt nur die Lösung, alles was die versunkene Stadt als Dwaraka identifiziert, als Zufall, Fälschung oder Phantasieprodukt und die Alternativhistoriker als Verschwörungstheoretiker oder Phantasten zu deklarieren. Jedenfalls kommt man nicht umhin zu akzeptieren, dass auch in dieser alten Schilderung wieder die große Flutkatastrophe gegenwärtig ist, ein Thema das sich wie ein roter Faden durch die Geschichte unzähliger Kulturen zieht, und das kann kein Zufall sein.

Um 1500-1600 v.Chr. ereignete sich in Griechenland eine Flut, über die in der griechischen Antike ähnlich berichtet wird, wie es aus der Bibel bekannt ist. Deukalion, der Sohn des

Prometheus, war König von Thessalien. Ihm wird dieselbe Rolle zugeschrieben, wie dem biblischen Noah. Als Zeus beschloss, die griechische Bronzezeit durch eine Flut zu beenden, wurde Deukalion von Prometheus befohlen, einen hölzernen Kasten zu bauen. Andere Quellen berichten, es war Zeus selbst, der die Anweisung gab. Als es zu regnen begann, bestiegen Deukalion und seine Frau Pyrrha dieses Schiff und überlebten als einzige diese Flutkatastrophe. Adam und Eva? Sie strandeten nach der Flut auf dem Parnassos, einem 2.455 Meter hohem Gebirgsstock in Zentralgriechenland. Die Flut, ihre Vorhersage, der Schiffsbau und die Strandung auf dem Berg ähneln in faszinierender Weise den Bibeltexten. Prof. Dr. Johannes Riem veröffentlichte 1925 sein Buch „Die Sintflut in Sage und Wissenschaft" und stellt darin Sintflutberichte vor, in denen 77mal von einer Flut, 80mal von einer Überschwemmung, 72mal von einer Rettung durch ein Fahrzeug und 53mal vom Verschulden durch die Menschheit die Rede ist. In Anbetracht der weltweit verstreuten ähnlichen Schilderungen ist anzunehmen, dass die Katastrophe wirklich weltweit geschah, oder aber die Menschen der damaligen Zeit bereits miteinander kommunizierten und diese Geschichten voneinander abschrieben, was besonders für die Ähnlichkeiten des Gilgamesch Epos, des Deukalion-Mythos und der Bibel naheliegend wäre. Die klassische Geschichtswissenschaft hat mit der weltweiten Katastrophe weniger Probleme als mit der transkontinentalen Kommunikation, obwohl man erste Anzeichen der Seefahrt bereits vor 120.000 Jahren vermutet, vor 40.000 Jahren durch Spuren von Besiedelungen als definitiv betrachtet und Küstenschifffahrt in Japan vor 21.000 Jahren eindeutig nachgewiesen ist. Aus der Zeit um 9.500 v.Chr. stammt das „Paddel von Star Carr" das 1948 in der Nähe von Scarborough gefunden wurde, aus der gleichen Zeit wurden in südfinnischen Mooren Reste von Fischernetzen entdeckt. Bei der Besiedelung Australiens vor 40.000 Jahren bestand eine Landbrücke zwischen Südostasien und Australien, diese war jedoch bei der heutigen Makassarstraße und dem Timorgraben vom ca. 100 km breiten Ozean unterbrochen. Diese Stellen mussten auf dem Wasserweg überwunden werden, wodurch man die ersten Besiedler des Australischen Kontinents als die ersten Seefahrer bezeichnen kann.

5.3 Das Kebra Negest

ein aus Äthiopien stammender Bericht über die Herkunft der solomonischen Kaiser, der unter anderem darüber berichtet, wie König Salomon die Königin von Saba traf und wie die Bundeslade nach Äthiopien gelangte. Der Bericht wurde Ende des 13. Jahrhunderts verfasst, und auch er enthält eindeutige Hinweise darauf, dass sich König Salomon mit einem fliegenden Wagen fortbewegen konnte:

And the King and his soldiers marched quickly, and they came to GÂZÂ. And the King asked the people, saying, "When did my son leave you?" And they answered and said unto him, "He left us three days ago. And having loaded their wagons none of them travelled on the ground, but in wagons that were suspended in the air; and they were swifter than the eagles that are in the sky, and all their baggage travelled with them in wagons above the winds. As for us, we thought that thou hadst, in thy wisdom, made them to travel in wagons above the winds."

Natürlich wird auch diese Schilderung als religiös auszulegende Vision oder Phantasie verstanden. Es existieren noch viele dieser alten Texte, die ähnliche Begebenheiten schildern, denen dasselbe Prädikat aufgedrückt wird, denn alle kommen auf denselben Punkt: Die Götter kamen mit hoher Technologie vom Himmel, griffen in das menschliche Geschehen ein, flogen mit irgendwelchen Fluggeräten und führten Luftkämpfe. In allen Winkeln der Erde stößt man auf dieselben „Phantasieberichte".

5.4 Die Bibel

Als weitere historische Quelle alter Überlieferungen kommt auch die Bibel in Betracht, sowie die apokryphen Schriften. Die Bibel, für Gläubige das Wort Gottes, für Historiker eine fragwürdige Quelle und für Alternativ-Historiker eine wahre Fundgrube. Sie hält Antworten und Geschichten parat, die dem wertfreien, objektiven Betrachter viele Antworten auf offene Mysterien bietet. Zahlreiche archäologische Funde weisen auf Wissen und Technologien hin, die nach dem geltenden Weltbild schlicht unmöglich sind. Sie sind aber nun mal da und man kann sie nicht in unsere Weltordnung einreihen. Darum schließt man sie einfach aus der offiziellen Liste archäologischer Funde aus, als würde man Beweise in einem Mordfall unter den Tisch kehren, die eindeutig auf einen anderen Täter hinweisen würden, als auf den, den man sich eben als Täter wünscht. Dieses Vorgehen wäre in der Aufklärung eines Falles höchst unseriös, ja sogar kriminell. In der Archäologie scheint dies gang und gäbe zu sein. Eigentlich sollte ein einziger Beweis ausreichen um begründete Zweifel anzumelden und die bestehende Theorie zu verwerfen. In der Realität reichen aber tausende Beweise nicht aus, um die narzisstische Menschheit von ihrem hohen Ross der Exklusivität zu stürzen. Dass viele Texte in der Bibel mit historischen Begebenheiten kompatibel sind, ist wissenschaftlich belegt. Nun drängt sich jedoch wieder die Frage auf, wer die Kompetenz besitzt, die unbestätigten und mysteriösen Stellen ins Reich der Religion und Phantasie abzuschieben, obwohl es archäologische Funde gibt, die sie erklären würden.

Die Bibel, der absolute Weltbestseller und religiöser Leitfaden für etwa 2,3 Milliarden Menschen hält Antworten parat, die die Geschichte in einem völlig anderen Bild erscheinen lassen als wir sie kennen, sofern man die Schilderungen wörtlich liest wie sie geschrieben sind, ohne andere mögliche Bedeutungen hinein zu interpretieren. Es ist das Buch auf das man schwört, das heiligste aller Bücher und trotzdem glauben nicht einmal die Gläubigen, was da geschrieben steht, denn sie glauben nur die Interpretation, die ihnen durch ihre Glaubensführer aufgetischt wird. Neben den Texten aus der Bibel existieren auch noch die „apokryphen Schriften", das sind alte Aufzeichnungen aus denselben oder ähnlichen Quellen, die jedoch nicht in den Bibelkontext aufgenommen wurden, weil sie nicht in das politische Weltbild des damaligen Kaisertums um 325 n.Chr. passten. Auch die Darstellung Jesu ist in den apokryphen Evangelien zu menschlich, deshalb wurden sie aus der Bibel ausgeschlossen, um sein Wesen nicht zu entmystifizieren. Nach offizieller Erklärung der Kirche, wurden diese Evangelien nicht von den genannten Personen und darüber hinaus erst über hundert Jahre nach Jesus verfasst, dass dies aber auch auf die vier in der Bibel befindlichen Evangelien gleichermaßen zutrifft, wird verschwiegen. Diese apokryphen Schriften landeten in Museen und Archiven, der Großteil, so wird vermutet, in geheimen Bibliotheken des Vatikans. Nicht nur die Bibel, auch andere, noch weitaus ältere Aufzeichnungen berichten von Begebenheiten, die wir zwar aus der heutigen modernen Zeit kennen, die sich aber den Texten zufolge damals zugetragen haben. Aufgrund dessen, dass diese Berichte nach dem geltenden Weltbild nicht in die damalige Zeit passen, müssen Historiker sie ignorieren oder so interpretieren, dass sie am Ende hundertprozentig aus Visionen, religiösen Wahnvorstellungen und Metaphern bestehen, denn wegleugnen oder ignorieren kann man sie nicht, da sie ja nun mal da sind, und ihr Alter und ihre Herkunft bestätigt sind. Was nicht erklärbar ist wird Gott zugeordnet, was zu phantastisch ist, wird als Vision und metaphorische Beschreibung erklärt. Den Verfassern wird eine absolut unmögliche Phantasie zugestanden, um den Wahrheitsgehalt der Geschichten ins Reich der Mystik zu verbannen. Die Geschichten werden krampfhaft und schon auf lächerliche Weise verzerrt und in die religiöse Schublade gequetscht, damit ja kein Funken auf das heilige Weltbild springt, denn das würde unweigerlich in Flammen aufgehen.

Als älteste Bibelübersetzung gilt der „breite Kanon" der äthiopischen Bibel. Er enthält die Esra-Apokalypse, das Buch der Jubiläen, Henoch, das 3. Buch der Makkabäer, Pseudo-Josephus, den Sinodos, das Buch des Bundes, den Ersten Clemensbrief, die Äthiopische Didaskalia. (Die Ge'ez-Fassung des äthiopischen Henochbuchs ist die einzige vollständige erhaltene.) Vor allem ist dies ein Text, dem man in Hinblick auf Schilderungen und Berichten aus alten Tagen besonderes Augenmerk schenken sollte. Ein großer Teil des Henochbuches wurde 1948 in den Höhlen von Qumran in aramäischer Originalhandschrift gefunden.

6 Teil der Jesaja-Rolle

Das Henochbuch wird auf eine Zeit um das 3. Jahrhundert v.Chr. datiert und ist somit die älteste apokalyptische Aufzeichnung. Im Alten Testament findet sich nur eine kurze Stelle über Henoch in Genesis 5,18-24, demnach soll er der Sohn Jereds und der Vater Methusalems gewesen sein, den er im Alter von 65 Jahren gezeugt haben soll. Danach sollte er noch 300 Jahre gelebt haben, bevor er „entrückt" wurde. (Das Henochbuch berichtet von 165 und 200 Jahren). Dieser Terminus der „Entrückung" wird nur auf zwei biblische Figuren angewandt, auf ihn, und auf Elija, einen biblischen Propheten im 9. Jahrhundert v.Chr. Unter Entrückung versteht man die Aufnahme in den „Himmel" ohne davor zu sterben. Auch die arabische Welt kennt Henoch unter dem Namen „Saurid", der 300 Jahre vor der Sintflut König von Ägypten gewesen sein soll. Er wird im „Hitat" vom arabischen Historiker Al Maqrizi aus dem 15.Jahrhundert unter anderem als Erbauer der Pyramiden erwähnt (siehe Kapitel 9). Die Schilderungen Henochs sind in höchstem Maße interessant, da sie sehr detailreich verfasst sind und in der ersten Person geschrieben sind. Um diese als reine Phantasie-Erzählungen zu klassifizieren, muss man dem Verfasser schon sehr viel Kreativität zugestehen. In seinen Schilderungen geht es um Gott, Himmelssöhne, Engel, Reisen in den Himmel und er berichtet mit erstaunlicher Genauigkeit und nennt Namen. Er kennt den Sonnenlauf, den Umlauf des Mondes und dass er sein Licht von der Sonne bezieht, berichtet von verschiedenen Positionen an denen die Sonne im Laufe des Jahres auf – und untergeht, er weiß, dass das Jahr 365 Tage hat und erwähnt auch die Schalttage. Und dieses Wissen gaben ihm die „Engel". So berichtet er von den Engeln, die die Erde besuchten und sich gegen ihre „Obrigkeit" verschwören:

„1 Nachdem die Menschenkinder sich gemehrt hatten, wurden ihnen in jenen Tagen schöne und liebliche Töchter geboren. 2 Als aber die Engel, die Himmelssöhne, sie sahen, gelüstete es

sie nach ihnen, und sie sprachen untereinander: "Wohlan, wir wollen uns Weiber unter den Menschentöchtern auswählen und uns Kinder zeugen. 3 Semjasa aber, ihr Oberster, sprach zu ihnen: " Ich fürchte, ihr werdet wohl diese That nicht ausführen wollen, so daß ich allein eine so große Sünde zu büßen haben werde." 4 Da antworteten ihm alle und sprachen: "Wir wollen alle einen Eid schwören und durch Verwünschungen uns untereinander verpflichten, diesen Plan nicht aufzugeben, sondern dies beabsichtigte Werk auszuführen…… 7 Dies sind die Namen ihrer Anführer: Semjasa, ihr Oberster, Urarkib, Arameel, [Sammael], Akibeel, Tamiel, Ramuel, Danel, Ezeqeel, Saraqujal, Asael, Armers, Batraal, Anani, Zaqebe, Samsaveel, Sartael, [Tumael?], Turel, Jomjael, Arasjal, 8 Dies sind ihre Dekarchen. "

Man findet die fast gleiche Schilderung in der Bibel unter 1. Mose 6,1-4, jedoch ohne namentliche Erwähnung der Anführer. In allen alten Schriften ist von Göttern, Himmelssöhnen oder gottähnlichen Wesen die Rede, die in das Leben der Menschen eingreifen. Die Darstellung dieser höheren Wesen ist jedoch von durchaus menschlichen Zügen geprägt. Sie machen ebenso Fehler, können sich mit Menschen paaren, sind den Menschen im Aussehen ähnlich, man kann mit ihnen reden und sie haben Streitigkeiten und Konflikte, ja sogar Kriege. Diese

Darstellungen lassen auf reale Wesen schließen, denn sie wurden laut den Erzählungen gesehen, die Menschen haben zu ihnen gesprochen, sie haben zu den Menschen gesprochen, sie unterrichtet und sich sogar mit ihnen vermehrt. Die Nachfahren dieser Mischehen brachten laut Henoch und Bibel die Riesen (siehe Kap.11) hervor, die Not und Elend über die Menschheit brachten und die von den Himmelssöhnen wieder ausgerottet wurden.

Wenn es um den Begriff „Gott" geht, so ist der heutige Mensch gewohnt, sich ein transzendentes Phantasiewesen vorzustellen, etwas nicht Greifbares, denn so kolportierten die Kirchen auch ihre Gottheiten seit Jahrhunderten. Kein moderner Mensch hat je seinen Gott gesehen oder mit ihm gesprochen. Die alten Schriften stellen die Götter und Engel sehr realistisch, menschlich und greifbar dar, sie interagieren miteinander. Henoch bezeichnet sie auch als „Wächter". Weiters erklärt er, welche Wissenschaft jeder dieser Wächter den Menschen beibrachte.

1 Asasel[1] lehrte die Menschen Schlachtmesser, Waffen, Schilde und Brustpanzerung verfertigen und zeigte ihnen die

---

[1] auch oft mit „Satan" gleichgesetzt

Metalle samt ihrer Bearbeitung und die Armspangen und Schmucksachen, den Gebrauch der Augenschminke und das Verschönern der Augenlider, die kostbarsten und erlesensten Steine und allerlei Färbemittel. 2 So herrschte viel Gottlosigkeit, und sie trieben Unzucht, gerieten auf Abwege und alle ihre Pfade wurden verderbt. Semjasa lehrte die Beschwörungen und das Schneiden der Wurzeln, Armaros die Lösung der Beschwörungen. Baraael das Sternschauen, Kokabeel die Astrologie, Ezeqeel die Wolkenkunde, Arakiel die Zeichen der Erde, Samsaveel die Zeichen der Sonne, Seriel die Zeichen des Mondes. 4 Als nun die Menschen umkamen, schrieen sie, und ihre Stimme drang zum Himmel.

Demzufolge gaben die Engel den Menschen Wissen, mit dem sie offensichtlich nicht umzugehen im Stande waren. Asasel wird später auch mit der Figur des Satans in Verbindung gebracht. In der arabischen Welt trägt er den Namen „Iblis" und ist ein „Schaitan" (الشيطان, *aš-Šaiṭān*, Teufel'). Im sumerischen Raum ist er als Enki bekannt, der die Menschen erschuf und ihnen zum Schutz vor dem Unterweltgott „Namtar", der sie auf Geheiß des Obersten vernichten soll, das nötige Wissen zuteilwerden ließ.

Michael, Uriel, Gabriel und Raphael, die gottes-solidarischen Engel sahen die Missstände und mussten etwas dagegen unternehmen.

6 Du hast gesehen, was Asasel gethan hat, wie er allerlei Ungerechtigkeit auf Erden gelehrt und die himmlischen Geheimnisse der Urzeit geoffenbart hat, die die Menschen kennen zu lernen sich haben angelegen sein lassen. 7 Die Beschwörungen hat Semjasa gelehrt, dem du die Vollmacht gegeben hast, die Herrschaft über seine Genossen zu üben. 8 Sie sind zu den Menschentöchtern auf der Erde gegangen, haben bei ihnen geschlafen und mit den Weibern sich verunreinigt und haben ihnen alle Sünden geoffenbart. 9 Die Weiber aber gebaren Riesen, und dadurch wurde die ganze Erde von Blut und Ungerechtigkeit voll. Nun, siehe, schreien die Seelen Geister der Verstorbenen und klagen bis zu den Pforten des Himmels. Ihr Geseufze ist emporgestiegen und kann angesichts der auf Erden vererbten Gottlosigkeit nicht aufhören." Du aber weißt alles, bevor es geschieht. Du siehst dies und lässest sie gewähren und sagst uns nicht, was wir deswegen mit ihnen thun sollen. Darauf sprach der Höchste, und der große Heilige ergriff das Wort und sandte Uriel zu dem Sohne Lameches und sprach zu ihm: 2 Sage ihm in meinem Namen: Verbirg dich! und offenbare ihm das bevorstehende

Ende. denn die ganze Erde wird untergehen und eine Wasserflut ist im Begriff, über die ganze Erde zu kommen, und alles auf ihr Befindliche wird untergehen. 3 Belehre ihn, damit er entrinne, und keine Nachkommenschaft für alle Geschlechter der Welt erhalten bleibe. Zu Raphael sprach der Herr: "Fessle den Asasel an Händen und Füßen und wirf ihn in die Finsternis; mache in der Wüste in Dudael ein Loch und wirf ihn hinein. 5 Lege unter ihn scharfe und spitze Steine und bedecke ihn mit Finsternis.

Auch im Henochtext ist wieder ein Hinweis auf die große Flut inklusive der Vorhersage und der Warnung. Einige Quellen berichten, dass Henoch eine Arche gebaut haben soll, laut Bibel war es sein Enkel Noah.

Nachdem nun die abtrünnigen Engel in Ungnade gefallen waren, sprach Henoch mit ihnen:

1 Henoch aber ging hin und sagte zu Asasel: "Du wirst keinen Frieden haben; ein großer Urteilsspruch ist über dich ergangen, dich zu binden. 2 Du wirst keine Nachsicht und Fürbitte erlangen, wegen der Gewaltthaten, die du gelehrt, und wegen der Werke der Lästerung, Gewaltthat und Sünde, die du den Menschen gezeigt hast. 3 Dann ging ich hin und redete zu ihnen allen insgesamt, und sie fürchteten sich alle und Furcht und Zittern ergriff sie. 4 Da baten sie mich, eine Bittschrift für sie zu schreiben, damit ihnen Vergebung zuteil werde, und ihre Bittschrift vor dem Herrn des Himmels vorzulesen, 5 denn sie konnten nicht mehr [mit ihm] reden, noch ihre Augen zum Himmel erheben aus Scham über ihre Sünden, derentwegen sie gestraft wurden.

Diesem Text zufolge erhoffen sich die „göttlichen" Wesen Hilfe von einem Menschen der für sie Fürsprache beim Allerhöchsten hält. Von transzendentalen Engeln kann hier keine Rede sein. Wenn man nun weiterführt, dass diese Wesen und auch Henoch mit ihrem „Obersten" sprachen, kann auch dieser kein Phantasiegott, wie wir ihn kennen, gewesen sein.

Aus den Henochtexten geht eindeutig hervor, dass die abtrünnigen Engel Lehrmeister waren, die die Menschen und auch ihn unterrichteten und er, Henoch, dann dieses Wissen an seine Nachfahren weitergab.

3 Ich sah, wie die Sterne des Himmels hervorkommen, zählte die Thore, aus denen sie hervorkommen, und schrieb alle ihre Ausgänge auf [und war] von jedem einzelnen [Stern] besonders, nach ihrer Zahl, ihren Namen, Verbindungen, Stellungen, Zeiten und Monaten, so wie der Engel Uriel, der bei mir war, [es] mir zeigte. 4 Er zeigte mir alles und schrieb es auf;

auch ihre Namen schrieb er für mich auf, Ebenso ihre Gesetze und Verrichtungen

Im Kapitel 67,4 - 69, 1 schildert Noah:

1 Darauf gab mir mein Großvater Henoch in einem Buche die Zeichen(?) aller Geheimnisse, so wie die Bilderreden, die ihm gegeben worden waren, und er stellte sie für mich in den Worten des Buchs der Bilderreden zusammen. 2 An jenem Tag antwortete Michael dem Raphael, indem er sagte: "Die Kraft des Geistes [?] reißt mich fort und erregt mich; was aber die Härte des Gerichts [wegen] der [verratenen] Geheimnisse, des Gerichts über die Engel betrifft, wer kann die Härte des Gerichts, das vollzogen wird und bleibt, ertragen, ohne davor zu vergehen?

Zusammenfassend schildern diese Berichte, dass menschenähnliche Wesen vom Himmel kamen, die Menschen unterrichteten, sich untereinander verfeindeten und sich mit den Menschen vermischten. Der problematische Teil solcher Schilderungen besteht einfach darin, dass diese Wesen „vom Himmel kamen". Vom Himmel kommen kann man nur dann, wenn man die Kunst des Fliegens beherrscht und das passt nicht in eine Zeit, die man sogar bis vor die Sintflut vermutet, also gemäß heutiger Erkenntnisse bis vor 10500 v.Chr. Damals kannte man – angeblich - noch nicht einmal das Rad. Um diese alten Texte mit ihren Götter- und Engelsgeschichten sinngemäß zu verstehen, muss man sich vorstellen, man käme in ein bisher unberührtes Eingeborenendorf und landete dort mit einem Helikopter. Was würden die Zeugen des Stammes ihren Nachfahren erzählen, und vor allem *wie* würden sie es formulieren? Sie haben kein Wort für Helikopter, für Rotoren, für Glas und Motoren und sie haben noch nie einen Weißen gesehen. Sie würden mit eigenen Worten berichten, *„dass eine helle, göttliche Gestalt, die in einer Kuppel saß, die aussah wie Kristall, mit Donner und Wind vom Himmel auf die Erde kam, und danach trugen die Winde ihn wieder in den Himmel hinauf. Er hatte vier Flügel, und wenn er am Boden war, ließ er die Flügel herabhängen. Wenn er aufstieg, konnte er sich in alle Richtungen bewegen ohne sich umzukehren, nach vorne, hinten, links und rechts.“* Ein alltäglicher Helikopterflug. Es ist absolut nichts Außergewöhnliches an dieser Geschichte, außer sie tausende Jahre alt ist und dass Dinge, wofür es keine Worte gab, anders umschrieben wurden. Wenn dieser Pilot noch aussteigen würde, mit Pilotenanzug und Helm, so kann man sich die Fortsetzung der Geschichte in derselben Art der Schilderung vorstellen, denn auch für die Kleidung dieser Art, die Handschuhe und den Helm gibt es keine Worte. Viele Texte aus alten Schriften klingen seltsam, da sich offensichtlich

Situationen dieser Art zugetragen haben. Hesekiel schildert in der Bibel solche Vorfälle mit äußerster Genauigkeit und Präzision:

"Im 30. Jahr", berichtet Hesekiel, *"lebte ich ... mit den verbannten Judäern am Fluss Kebar in Babylonien. ... Am 5. Tage des 4. Monats öffnete sich plötzlich über mir der Himmel, und ich sah eine Erscheinung Gottes [wörtlich: siehe ich sah]. Der Herr sprach zu mir und legte seine Hand auf mich.*

Ich sah von Norden einen Sturm heranbrausen, der eine große Wolke vor sich hertrieb. Blitze schossen aus ihr hervor, und ein heller Glanz umgab sie. Dann öffnete sich die Wolke, und aus ihrem Inneren strahlte ein Licht wie von Gold.

In dem Licht erschienen vier lebendige Wesen, die wie Menschen aussahen. Doch jedes von ihnen hatte vier Flügel und vier Gesichter. Ihre Beine waren gerade wie die eines Menschen, aber statt der Füße hatten sie die Hufe eines Stieres, die wie polierte Bronze glänzten. Jede Gestalt besaß vier Hände, je eine Hand unter jedem Flügel. Mit ihren Flügeln berührten die Gestalten einander. Beim Gehen brauchten sie sich nie umzudrehen, denn in jede Richtung blickte eines ihrer Gesichter. Jedes sah anders aus: vorne war das Gesicht eines Menschen, rechts das eines Löwen, links das eines Stieres und hinten das eines Adlers. Zwei ihrer Flügel hatten sie nach oben ausgespannt, und ihre Spitzen berührten die der anderen Gestalten. Mit den anderen zwei Flügeln bedeckten sie ihren Leib. Sie gingen, wohin Gottes Geist sie trieb; sie brauchten sich nie umzudrehen, denn in jede Richtung blickte eines ihrer Gesichter.

Zwischen den Gestalten bemerkte ich etwas, das wie glühende Kohlen aussah und wie Fackeln, die sich hin- und her bewegen. Das Feuer leuchtete, und Blitze schossen aus ihm. Die Gestalten liefen so schnell umher, dass sie selbst zuckenden Blitzen glichen.

Als ich sie genauer betrachtete, entdeckte ich vier Räder auf dem Boden – eines von jeder Gestalt. Sie schienen aus Edelsteinen zu bestehen. Alle vier waren gleich gebaut; mitten in jedes Rad war ein zweites im rechten Winkel eingefügt, und so konnten sie in jede beliebige Richtung laufen, ohne zu wenden. Die Felgen der Räder waren sehr groß und ringsum mit Augen bedeckt. Wenn die vier Gestalten gingen, dann liefen auch die Räder mit; und wenn die Gestalten sich von der Erde erhoben, dann hoben sich auch die Räder. Sie gingen, wohin Gottes Geist sie trieb, und die Räder bewegten sich mit ihnen, denn der Geist der Lebewesen war in den Rädern. Wenn die

Gestalten sich bewegten, dann liefen auch die Räder; blieben die Gestalten stehen, standen auch die Räder still. Erhoben sich die Lebewesen, dann erhoben sich auch die Räder mit ihnen, denn der Geist der Lebewesen war in den Rädern.

Über den Köpfen der Gestalten entdeckte ich etwas, das aussah wie ein Gewölbe aus leuchtendem Kristall, und ich erschrak bei seinem Anblick. Jedes der Lebewesen darunter hatte zwei seiner Flügel zu der Gestalt neben sich ausgestreckt; mit den beiden anderen Flügeln bedeckte es seinen Leib. Wenn die vier sich bewegten, rauschten ihre Flügel wie das Brausen gewaltiger Wassermassen, wie die Stimme des allmächtigen Gottes. Es war so laut wie die Rufe einer großen Menschenmenge, wie der Lärm in einem Heerlager. Wenn sie stillstanden, ließen sie ihre Flügel herabhängen.

Plötzlich hörte ich eine Stimme aus dem Gewölbe über ihnen, da blieben sie stehen und senkten ihre Flügel. Oberhalb des Gewölbes über ihren Köpfen bemerkte ich einen Thron aus Saphir. Darauf saß eine Gestalt, die einem Menschen glich. Von der Hüfte an aufwärts schimmerte sein Leib wie Gold in einem Feuerkranz; unterhalb der Hüfte sah er aus wie ein Feuer, umgeben von hellem Lichtglanz. In dem Licht konnte ich *alle Farben des Regenbogens entdecken. Es war die Erscheinung Gottes in seiner Herrlichkeit. Bei ihrem Anblick fiel ich nieder und berührte mit meinem Gesicht den Boden. ... Dann sah ich eine Hand, die sich mir entgegenstreckte und eine Buchrolle hielt. Die Hand breitete die Buchrolle aus; sie war auf beiden Seiten beschrieben mit Klagen, Seufzern und Trauerrufen. Gott sprach zu mir: 'Du sterblicher Mensch, iss, was du vor dir siehst, ja, iss diese Buchrolle! Dann geh zum Volk Israel und rede zu ihnen!"*

Es gibt natürlich krampfhafte Versuche von Skeptikern und militanten Ablehnern der Prä-Astronautik, diese Schilderung als theologische, metaphorische Vision zu erklären. Doch nicht nur Hesekiel erzählt solche Geschichten, und weltweit diverse Funde, die man sicherlich nicht als theologische Kultgegenstände entschärfen kann, weisen eindeutig darauf hin, dass es etwas gegeben haben muss, das wir uns nicht anders erklären können als mit höheren Wesen in grauer Vorzeit. Abraham kann diese Schilderung sogar noch überbieten.

Und er trug mich bis an die Grenze der Feuerflamme. 4 Und wir stiegen empor, (wie von vielen Winden getrieben, zum Himmel, der auf den Flächen befestigt ist, und ich sah in der Luft,) auf der Höhe, (auf welche wir gestiegen waren,) ein starkes Licht das nicht zu beschreiben ist. 5 Und, siehe, in diesem Licht war das lodernde Feuer einer Menge und eine große Menge männlicher Gestalt. 6 Jene alle veränderten ihr Aussehen (und) Gestalt, liefen und verwandelten sich, verneigten sich und schrien mit einer Stimme, deren Worte ich nicht kannte. (Apokalypse des Abraham, Kap.15)

1 Und ich sprach zu dem Engel: "Wie hast du mich nun hierher hinaufgetragen, denn nun kann ich nicht mehr sehen, da ich erschöpft bin, und mein Geist aus mir entflieht." 2 Und er sprach zu mir: "Bleibe bei mir, fürchte dich nicht! 3 Und der, welchen du gerade auf uns zugehen sehen wirst in einer großen Stimme der Heiligkeit, das ist der Urewige, der dich liebgewonnen hat. Aber Ihn selbst wirst du nicht sehen. 4 Dein Geist soll nicht schwach werden, denn ich bin bei dir und werde dich stärken.

1 Und während er noch sprach, siehe, da kam ein Feuer gerade auf uns zu und umgab uns. 2 Und in dem Feuer war eine Stimme, wie die Stimme von vielen Wassern, wie die Stimme des Meeres in seiner Erregung. 2 Und der Engel verneigte sich mit mir und verbeugte sich. 4 Und ich wollte mich auf die Erde niederwerfen; und der hohe Ort auf dem wir standen, (stand bald aufrecht,) bald sank er abwärts. 5 Und er sprach zu mir:

"Verneige dich nur, Abraham, und sage den Gesang, den ich dich gelehrt habe." Denn hier war keine Erde, auf die man sich hätte niederwerfen können....

6. Damals wie heute?

Wo hat man Abraham hingebracht? An einen Ort der so hoch war, dass er fast sein Bewusstsein verlor, wo es keinen Boden unter den Füßen mehr gab und der sich um eine Achse drehte. Es klingt sehr nach einer Raumstation, die sich wegen der künstlichen Schwerkraft dreht. Man kennt es aus der Raumfahrt.

Man muss nun nicht unbedingt gleich an Außerirdische denken, trotzdem lassen sich Schilderungen dieser Art nicht so einfach als religiöse Phantastereien abtun. Es steckt mehr dahinter, denn die Götter oder Himmelssöhne hatten große Macht über die Menschen und konnten mit Blitzen und Donner gegen sie vorgehen. Nach heutigem Verständnis hatten sie einfach moderne Waffen. Die Azteken hielten die Portugiesen auch für Götter, weil ihre Rüstungen in der Sonne glänzten und aus ihren „Stöcken" Feuer, Rauch und Tod kam. Außerdem kamen sie mit großen Segelschiffen, die die Azteken damals auch noch nicht kannten. Das war 1519, also vor gar nicht allzu langer Zeit, und die Situation war vom Prinzip her ähnlich. Die Portugiesen waren keine Außerirdischen, sie waren nur auf einer etwas höheren Entwicklungsstufe und von einem anderen Kontinent. Weitere Hinweise auf höhere Entwicklungsstufen in der Geschichte findet man auch im alten Indien. Wie schon erwähnt, gibt es lebhafte Schilderungen über Luftkriege und fliegende Götter. Auch genaue, detaillierte Ausführungen über die Fluggeräte, Vimanas genannt, und deren Eigenschaften werden dargestellt. Im *Srimad-Bhagavatam* wird dem König Shalva von einem Ingenieur namens Maya Danava vom Planeten Talatala ein Fluggerät gebaut, das dieser im Kampf gegen Krishna's Stadt Dwaraka einsetzte:

„Shalva wünschte sich eine Flugmaschine (yana), die weder von den Halbgöttern noch von den Asuras, Menschen, Gandharvas, Uragas, noch von den Raksasas zerstört werden konnte. Es sollte kama-gam sein [fähig, nach der Willenskraft des Piloten zu fliegen], *und es sollte die Vrsnis vor Schreck erstarren lassen. ‚So sei es‘, sagte Siva und beauftragte Maya Danava. Dieser schuf ein Saubha-Flugzeug* [‚Sabha-ähnlich‘, eine kleine Sabha-Kopie] *aus Metall und übergab es Shalva. … Das Flugzeug, mit dem Shalva seine Angriffe führte, war so mysteriös, daß man manchmal meinte, es flögen mehrere*

identische Flugzeuge am Himmel, und manchmal, es sei überhaupt keines vorhanden. Manchmal war es sichtbar und dann wieder unsichtbar. So wussten Shalvas Gegner nie genau, wo es war. Manchmal stand es am Boden, im nächsten Moment flog es am Himmel, dann wieder verharrte es kurz auf dem Gipfel eines Berges und tauchte plötzlich aus dem Wasser auf. [Die angegriffene Stadt Dvaraka lag auf dem Meer.] *Wie ein wirbelnder Feuerstab blieb es nie an einem Ort."* (Srimad-Bhagavatam 10.76.6–7, 21–22)

7 Vimanas im Mahabharatha

In den vedischen Schriften ist bis vor 5000 Jahren die Präsenz Außerirdischer in Indien kein Geheimnis. Man hat in der Sanskrit-Sprache sogar verschiedene Bezeichnungen für sie: die Vaimaanikas, d. h. jene Wesen, die sich mit Raumschiffen fortbewegen, und die Siddhas, jene Wesen, die sich ohne Raumschiffe durch die Dimensionen des Universum bewegen können. Die vedische Mathematik ist Realität, funktioniert und wird anerkannt. Schilderungen dieser Art sind jedoch Phantasien. Das passt bei bestem Willen nicht zusammen.

Schilderungen wie diese würden hunderte Bücher füllen. In fast allen alten Kulturen wird geflogen, in den Himmel gefahren, kamen höhere Wesen mit Feuer, Donner und Rauch vom Himmel, die als Götter verehrt wurden. In allen diesen Kulturen gibt es Wissen, das es in dieser Epoche noch nicht geben dürfte und archäologische Funde, die nicht in unser wissenschaftliches Bild passen. Da diese Dinge jedoch real sind, muss der Fehler offensichtlich in unserer Geschichtslehre liegen. Es ist vielfach zu lesen, dass „Experten" diese Theorien von außerirdischen Besuchen in grauer Vorzeit stark bezweifeln oder ablehnen. Das Problem liegt einerseits darin, dass promovierte Historiker neben ihrem Fachwissen auch das falsche Weltbild gelehrt bekommen, und andererseits darin, dass die Welt nun jedem so genannten Experten glaubt, sobald er einen Doktortitel hat und die Lehrmeinung vertritt. Es gibt auch keine Experten für Technologien, die der Menschheit noch nicht bekannt sind, und von solchen Technologien ist in den alten Schriften die Rede, trotzdem glauben einige

Wissenschaftler, sich damit auszukennen. Hier maßt sich die Wissenschaft etwas zu viel an.

Wenn vor tausenden von Jahren jemand etwas niedergeschrieben hat, so hat er sich etwas dabei gedacht, denn das Schreiben war nur gebildeten Menschen und Gelehrten vorbehalten. Der Normalbürger war in der Regel Analphabet. Darüber hinaus war das Schreiben selbst keine so einfache Angelegenheit wie heutzutage. Man brauchte Stein und Meißel, Tontafel und Stichel oder Papyrus, Pergament oder Ziegenfell und selbst aufwändig hergestellte Tinte. Pergament und Papyrus waren damals auch keine billigen Massenartikel wie Schreibpapier heutzutage. Es war einfach zu mühsam, zu aufwändig und zu teuer, irgendwelche Kritzeleien niederzuschreiben. Solche Dinge konnten sich nur wohlbetuchte Bürger leisten. Die Menschen der damaligen Zeit schrieben nicht aus Jux und Tollerei, sie schrieben nieder was sie erlebt haben, oder was sie für wert befanden, schriftlich für die Nachwelt festzuhalten. Wenn mehrere Kulturen davon berichten, dass sie von höheren Wesen besucht und unterrichtet wurden, sollte man diesen Aussagen auf den Grund gehen, anstatt sie von vornherein abzulehnen. Es ist kaum anzunehmen, dass alle Kulturen dieselben Phantasien hatten und sogar thematisch identische Begebenheiten schilderten. Es ist nicht verwunderlich, dass diese alten Schriften in den Glaubensbüchern der Weltreligionen landeten und von der Welt eher als religiös als historisch betrachtet werden. Möglicherweise ist aber gerade das die beste Taktik um unsere mysteriöse Geschichte zu verbergen - die Wahrheit hinter dem Schleier der Religionen zu verstecken.

7. Das Eiszeitmysterium

Dass die Altersbestimmung langer Zeiträume und somit Teile der nach wie vor geltenden Chronologie der Erdgeschichte in Frage gestellt werden können, sollte in der heutigen modernen Zeit keinen Tabubruch darstellen. Für die späte menschliche Entwicklung steht noch ein großes Fragezeichen im Raum, und zwar die Eiszeit. Das bestehende Bild dieser Epoche wird von der Schulwissenschaft auf Gedeih und Verderb verteidigt, man ist nicht daran interessiert und auch nicht bereit, gewisse Begebenheiten neu zu überdenken. Die nonkonforme Wissenschaft hat jedoch schon längst begründete Einsprüche dagegen erhoben, denn vieles stimmt bewiesenermaßen nicht mit den archäologischen Situationen überein. Leider hat auch die Alternativwissenschaft noch keine befriedigende Antwort auf ein umfassendes Bild der eiszeitlichen Situation in Europa. Jedenfalls, und so viel ist sicher, stimmt das gegenwärtige Bild auf keinen Fall, weder in zeitlicher Hinsicht noch im Ausmaß der Vereisung.

Die Chronologie durch die Warven-Methode, die sich vor allem für die eiszeitliche Altersdatierung anbietet, kann gerade diese Abfolgen stark abfälschen. Man geht davon aus, dass sich eine Sedimentschicht pro Jahr gebildet hat. Durch Superfluten oder hin- und herschwappende Fluten können sich jedoch mehrere Schichten innerhalb von Monaten, Wochen oder gar Tagen gebildet haben. Somit können sich Jahrhunderte in einem Tag abgespielt haben. Auch werden Ausformungen von Tälern von der etablierten Wissenschaft immer Gletschern zugeschrieben, die unvorstellbar lange Zeiträume für diese Ausschürfungen brauchten. Es werden immer wieder Funde zutage gefördert, die nicht in das Zeitschema passen. Vor allem die landläufige Meinung, der Mensch sei in der Zeit um 10.000 v.Chr. als Jäger und Sammler durch die Savannen gezogen, sollte endgültig revidiert werden. Die heutige Vorstellung der Menschen aus dieser Zeit, als gerade die Altsteinzeit in die Mittelsteinzeit überging, und der „anatomisch moderne Mensch" in Europa einzog, postuliert diesem jagenden Steinzeitmenschen Werkzeuge aus Knochen, Stein und Geweih, hölzerne Speere mit Steinspitzen sowie die Errichtung von einfachen Zelten und Hütten sowie die ersten Kunstgegenstände und Malereien. Auch die Bekleidung aus Fellen und Tierhäuten prägt das Bild unserer nacheiszeitlichen Vorfahren. Eiszeitlichen Funden zufolge waren viele heute polare Zonen wie Alaska und Sibirien damals eisfrei, ebenso die dem Atlantik zugewandte Seite der Antarktis. (s.Kap.12.3) Für diese Theorie sprechen Funde tausender schockgefrorener Mammuts in Nordsibirien, die von einem plötzlichen Kälteeinbruch überrascht worden sein müssen. Ein berühmter Fund ist das sogenannte „Beresowka Mammut". Der deutsch/russische Paläontologe E.W. Pfizenmayer, von der Kaiserlichen Akademie der Wissenschaften in St. Petersburg, hat im Jahr 1908 das Sangajurach Mammut im Jana-Kolyma Tiefland, nahe 72°N ausgegraben, und das Ljachow Mammut auf Groß Ljachow Insel (Neusibirische Inseln) bei 73.5°N. Das Beresowka Mammut hat man am Beresowka Fluss gefunden, nahe 68°N. Es ist ein östlicher Nebenfluss des Kolyma Flusses. Er grub es im Jahr 1901 aus und berichtet, was damals geschah:

„Hier ist ein wirklich schockierendes Bild, im Vergleich zu dem, wie wir früher darüber gedacht haben. Gewaltige Herden enormer, wohlgenährter Tiere grasen ruhig auf sonnigen Weiden. Sie sind nicht besonders extremer Kälte angepasst.

Sie pflücken behutsam blühende Butterblumen bei einer Temperatur, bei der wir wahrscheinlich nicht einmal einen Mantel bräuchten. Plötzlich wurden sie alle getötet, ohne irgendein sichtbares Zeichen von Gewalt. Sie konnten nicht einmal ihren letzten Happen Futter herunter schlucken. Dann wurden sie so schnell eingefroren, dass jede Zelle ihres Körpers vollkommen bewahrt wird, trotz ihrer großen Größe und ihrer hohen Temperatur. Wie, so mögen wir uns fragen, konnte das geschehen?

Gemäß der Wind-Abkühl-Tabelle, veröffentlicht vom Arktischen Aero-medizinischen Laboratorium in Fort Wainright, Alaska, entsteht ein Abkühleffekt von −150°F (-101°C), wenn bei −70°F (-43,7°C) der Wind 40 Meilen (64,3 km) in der Stunde bläst. Mit anderen Worten: Der Wind, der bei −43,7°C mit einer Geschwindigkeit von 64 km in der Stunde weht, wird dann dem Körper eben so viel Wärme entziehen, wie eine Lufttemperatur von −101°C ohne Wind. Ungeschütztes Fleisch kann schon in 30 Sekunden bei −8,3°C erfrieren, wenn der Wind 64,3 km/h weht.

Konträr dazu fanden Forscher Überreste von Flusspferden, Hyänen und sogar Jaguaren, die normalerweise in tropischen

Gegenden beheimatet waren, laut Lehrmeinung aber in vereisten Gebieten gelebt haben sollen. In der geltenden Theorie wird einfach ignoriert, dass sich eiszeitliche Tiere nicht von Schnee und Eis ernährt haben, sondern in steppenähnlichen Gebieten gelebt haben müssen, ebenso die damaligen Menschen. Es gibt eiszeitliche Höhlenmalereien, wo die Jäger nackt dargestellt wurden. Das lässt nicht gerade auf klirrende Kälte schließen. Die Kältezonen haben sich um 3000 km verlagert, was eindeutig darauf hinweist, dass sich in dieser Zeit, wie Charles Hapgood es erklärte, die Erdkruste verschoben hat und somit tropische Zonen in polare Zonen transportiert hat und umgekehrt. Damit lassen sich auch das abrupte Ende der Eiszeit sowie die sehr schnell abfließenden Wassermassen und der daraus resultierende Anstieg des Meeresspiegels um über 100m innerhalb von Tagen plausibel erklären. Ebenso das Schockgefrieren der Mammuts und die sintflutartigen, weltweiten Überflutungen wären somit schlüssig. Immer mehr Wissenschaftler legen diese Annahme ihrer weiteren Erforschung der Eiszeit zu Grunde und verwerfen die geltende Kataklysmus-freie Schulmeinung, die immer mehr zu zerbröckeln beginnt. Laut neuesten Erkenntnissen betrug auch das Ausmaß der Vereisungen nur etwa ein Hundertstel von dem der landläufigen Meinung. Die orthodoxe Wissenschaft spricht kaum von Katastrophen in der

Vergangenheit, Polsprünge, Meteoriteneinschläge, Megafluten und Vulkanausbrüche werden da nicht gerne gesehen. Möglicherweise will man solche Dinge nicht wahrhaben, da sie jederzeit wieder passieren können, und vor solchen Dingen verschließt die Menschheit gerne die Augen. Der Historiker und Universitätsdozent Charles Hapgood (*17. Mai 1904; † 21. Dezember 1982*) veröffentlichte 1958 sein Werk *„The Earth's Shifting Crust",* in dem er seine Theorie über eine Erdkrustenverschiebung während der Eiszeit vorstellte. Dazu erhielt er auch die Unterstützung Albert Einsteins, der das Vorwort zu seinem Buch schrieb. Trotz dieser Referenz und der bereits schulwissenschaftlichen Bestätigung, dass etwa alle 250.000 Jahre eine Polverschiebung stattfindet, konnte sich seine Theorie in der seriösen Wissenschaft nicht durchsetzen. Es hat ja auch sehr lange gedauert, bis sich endlich die Theorie durchsetzte, dass ein Meteorit das Zeitalter der Dinosaurier beendete. Es gibt noch sehr viele offene Fragen und keine passenden Antworten, doch gibt es bereits viele Beweise, die die geltenden Fundamente zum Einsturz bringen und viele neue Annahmen um einiges schlüssiger erscheinen lassen. Einig scheint sich die Wissenschaft darüber zu sein, dass die letzte Kaltzeit der Eiszeit, sofern man sie noch so benennen will, etwa vor 12.000 Jahren zu Ende ging. Diese Zeit mag eine der mysteriösesten der Menschheitsgeschichte sein, denn vieles deutet auf verschwundene Hochkulturen in der Zeit um 10.000 – 10.500 v.Chr. hin.

8. *Die magische Epoche*

Neueste Forschungen ergaben, dass mit großer Wahrscheinlichkeit ein gewaltiger Meteoriteneinschlag vor etwa 12.000 Jahren in der Gegend von Kanada die Ursache für das Aussterben vieler Großsäugetiere war. Vor allem in Nordamerika machte man dafür vorerst die Clovis-Kultur verantwortlich. Durch den Meteoriteneinschlag sind durch die Hitzeentwicklung große Eismassen schlagartig abgeschmolzen und in den Atlantik geflossen, wodurch die Tiefenkonvektion gestört wurde, was wiederum zu einer rapiden Abkühlung führte, die durch die Verdunkelung durch die Rauchentwicklung in der Atmosphäre verstärkt wurde und zu einer neuerlichen Kaltzeit führte, die über 1300 Jahre andauerte (Jüngere Dryas). Zusätzlich sollen brennende Fragmente des Meteoriten weiträumige Brände ausgelöst haben, die zusätzlich Rauch in die Atmosphäre förderten und die Sonne für lange Zeit verdunkelte. Gestützt wird diese Theorie durch Meteoritenfragment-Funde im Süden der USA, deren Gesteinsanteile jenen in Kanada zugeordnet werden konnten. Diese Katastrophe könnte auch die Entstehung der Canyons durch das rapide Abfließen großer Wassermassen erklären, ebenso könnte durch dieses Ereignis eine mögliche hochentwickelte Zivilisation spurlos ausgelöscht worden sein, denn durch das Schmelzen des Eises stiegen die Meeresspiegel an und überfluteten weitreichende Küstengebiete. Dies würde wiederum die zahlreichen Sintflut-Berichte erklären, denn durch die Hitzeentwicklung und durch den aufsteigenden Dampf in die Atmosphäre, müssen zusätzlich massive und anhaltende Regenfälle die Folge gewesen sein. Die Zeitepoche dafür lässt sich unter anderem durch astronomische Gegebenheiten in ferner Vergangenheit nachvollziehen:

Es ist schon lange kein Geheimnis mehr, dass die Kulturen und Religionen antiker Zivilisationen eine starke Verbindung zu den Sternen hatten. Überall findet man Bauwerke, die exakt nach Sternbildern und Himmelsrichtungen ausgerichtet sind. Dass dies ein Zufall ist, kann man aufgrund der immer wiederkehrenden Situationen ausschließen. Heutzutage ist man in der Lage, die Sternenkonstellationen in jeder beliebigen Zeit mittels Computersimulation nachzustellen. Die Erde kreist um die Sonne, hat zusätzlich noch die Kreiselbewegung der

Präzession[2], und die Sonne kreist um das Zentrum der Milchstraße. Alles ist in Bewegung, darum stehen auch die Sterne von unserem Beobachtungspunkt aus gesehen immer anders. Über einen längeren Zeitpunkt betrachtet, machen die Sterne durch die Präzession der Erdachse eine scheinbare „Schaukelbewegung" von einem tiefsten zu einem höchsten Punkt. Man ist heute in der Lage, die Konstellation der Sternbilder für ein beliebiges Jahr zu berechnen. So lassen sich die Positionen der Sternbilder fast genau nach den Errichtungszeiten der jeweiligen Bauwerke darstellen.

Ein kurzer Ausflug nach Kambodscha gibt einen Einblick in die mysteriöse Welt antiker Bauwerke.

Die Tempelanlage in Angkor wurde laut Wissenschaft zwischen dem 9. und 15. Jahrhundert erbaut und stellt eine der imposantesten Tempelanlagen der Welt dar. Die einzelnen Tempel der Anlage sind spiegelverkehrt nach dem Sternbild des Drachen angeordnet. Dreht man die Zeit zurück in das Jahr 10.500 v.Chr. so stimmt die Anordnung der Tempel mit dem Sternbild exakt überein, also nicht spiegelverkehrt. Die Anlage

---

[2] Die Erdachse führt eine Kreiselbewegung durch, die alle 26500 Jahre einen vollen Kreis beschreibt.

wurde vor weniger als 1000 Jahren erbaut, trotzdem gleicht sie dem Sternbild vor 12.500 Jahren.

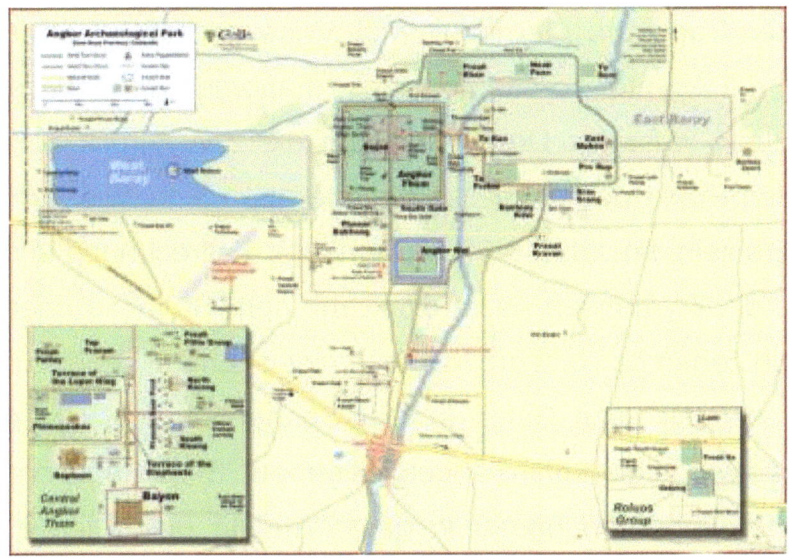

8 Angkor Lageplan

In Ägypten trifft man auf ein ähnliches Phänomen. Der Überlieferung nach herrschte der Gott Osiris in der „ersten Zeit" über Ägypten nachdem er vom Himmel herabgestiegen war. Er wurde von 72 Verschwörern ermordet und wurde als Orion wiedergeboren. Seine Nachfolger, die Pharaonen wollten nach ihrem Tod zu Osiris in den Himmel gelangen. Die drei großen Pyramiden sind ihrer Anordnung nach den 3 Gürtelsternen des

Orion nachempfunden, jedoch weicht die Ausrichtung um 45° von der Lage des Orion ab. Mit der „ersten Zeit", in der Osiris geherrscht haben soll, könnte der Beginn eines Präzessionszyklus gemeint sein, d.h. der Orion wäre an seinem tiefsten Punkt am Sternenhimmel. Wissenschaftler vermuten, dass die Ägypter bereits über das Phänomen der Präzession Bescheid wussten. Dreht man nun die Zeit zurück zu dem tiefsten Punkt des Orion, so befindet man sich, wie kann es anders sein, im Jahr 10.500 vor unserer Zeitrechnung und die Lage der Pyramiden passt exakt mit dem Sternbild überein.. Gleich neben den drei großen Pyramiden schaut die Sphinx mit starren Blick nach Osten in den Sonnenaufgang. Vor 4500 Jahren wurde die Sphinx angeblich gebaut. Sie schaute damals im Morgengrauen genau in das Sternbild des Stieres. Die einzige Periode, in der die Sphinx in ihr himmlisches Ebenbild, in das Sternbild des Löwen schaut, ist wiederum das Jahr 10.500 v.Chr. Die antike Ruinenstadt Tiahuanaco in Bolivien ist eines der präzisesten und phänomenalsten Bauwerke der Welt. Vor etwa 100 Jahren beobachtete der bolivianische Archäologe Bosnanski, dass sich am Morgen des Frühlingsbeginns die Sonne exakt in der Mitte des Tempels" befindet. An den Tagen des Winter- und Sommeranfangs sollte demnach die Sonne genau an den beiden Ecksteinen aufgehen. Das ist jedoch nicht der Fall. Archäologen sehen darin einen Konstruktionsfehler, der in Anbetracht der sonst so exakt gebauten Anlage nicht anzunehmen ist. Dreht man das Rad der Zeit zurück, sind die Sonnenstände perfekt an ihrem Platz. Tiahuanaco muss demnach schon vor 17000 Jahren erbaut worden sein.

Im Südwesten Japans, nahe der Insel Yonaguni entdeckte ein Fischer seltsame Unterwasserformationen. Unterwasserforscher nahmen die Formationen in Augenschein, wobei ein natürlicher Entstehungsprozess dieser Anlage sehr unwahrscheinlich erscheint. Die Taucher fanden kreisrunde mannstiefe Löcher, die zur Aufnahme von Stützbalken gedient haben könnten, auch die exakte Ausrichtung nach den Himmelsrichtungen sowie die exakten rechten Winkel und geraden Kanten legen den Schluss nahe, dass diese Anlage von Menschenhand erbaut wurde. Dies wiederum kann aber nur von einer Kultur geschaffen worden sein, die bereits um 10.500 v.Chr. ein sehr hohes kulturelles Niveau hatte. Denn seither liegen diese Monumente unterhalb des Meeresspiegels. Wissenschaftler gehen von einem Alter um 10.000 bis 11.000 v.Chr. aus.

9 Yonaguni Monument

Seriöse Wissenschaftler gehen von einem natürlichen Ursprung der Entstehung dieser Unterwasser-Formationen aus.

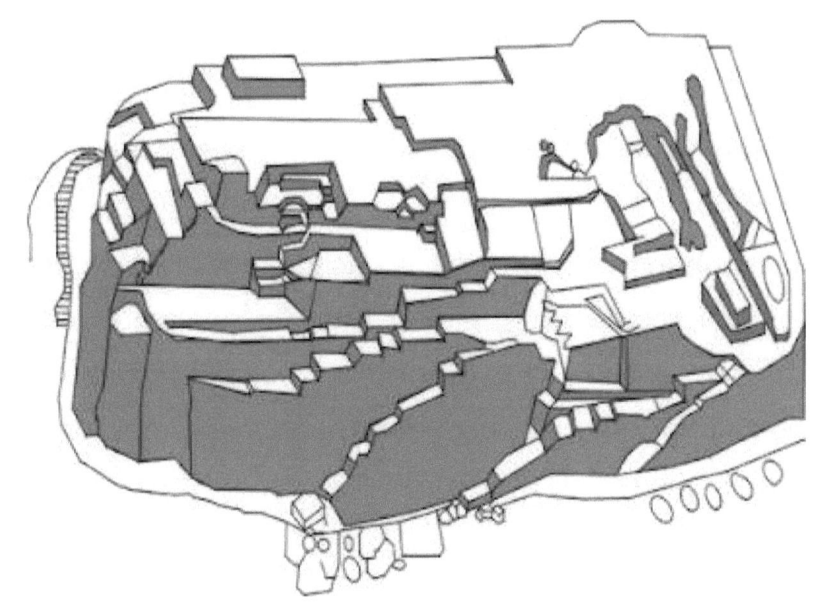

10 Yonaguni Modell

Wie ernst man nun diese Theorien der Schulwissenschaft nehmen soll, sei dem Leser selbst überlassen.

In Südost-Anatolien, nahe der Stadt Urfa in der Türkei fand man unlängst die älteste Kultstätte der Welt. „Göbekli Tepe", der „Nabelberg" wird auf ein Alter von 10.000 bis 11.000 Jahre datiert. Dass Jäger und Sammler diese monumentale Anlage mit bis zu 7m hohen, 50 Tonnen schweren T-förmig behauenen und mit gravierten Tierfiguren verzierten Megalithen errichtet haben, ist schwer vorstellbar. Für die Errichtung solcher Bauwerke ist ein soziales, zivilisiertes Gefüge erforderlich.

Mysteriös ist an dieser Anlage auch, dass nicht alle Tiere, die auf den Säulen dargestellt wurden, in dieser Gegend beheimatet waren. Dem Göbekli Tepe wird wegen dieser zahlreichen Tiermotive von Alternativhistorikern ein Zusammenhang mit der Sintflut nachgesagt, da sich nur ca. 500km entfernt der Berg Ararat befindet, auf dem man die Relikte der Arche Noah vermutet. Auffällig ist auch die Ähnlichkeit mit der Bauweise von Stonehenge, das um etwa 8000 Jahre jünger ist.

11 Göbekli Tepe

12 Tiermotive im Göbekli Tepe

Wenn man in der Zeit der letzten Kälteperiode nach Nordamerika reist, findet man die „Clovis-Kultur", einen Kulturstamm, der von Sibirien über die damals durch den niederen Meeresspiegel entstandene Landbrücke zwischen Asien und Nordamerika in Amerika einwanderte. Die Clovis waren erfahrene Großwildjäger, was anhand der Waffenfunde eindeutig hervor geht. Sie breiteten sich allmählich über den gesamten amerikanischen Kontinent aus, wie Funde belegen. Aber wieder einmal stolpert man über die magische Zahl

10.500 v.Chr., als ein plötzliches Massensterben in Nordamerika stattfand und fast über Nacht das gesamte Großwild verschwand. Mit dem Aussterben des Großwildes in Amerika bis auf 12 Arten (von ursprünglich über 40), verschwand auch die Clovis Kultur. Es scheint mysteriös, dass nur die großen Säugetiere verschwanden, die kleineren, die später ebenfalls über die Landbrücke nach Amerika einwanderten überlebten. Es gibt Theorien, dass sie von den Menschen systematisch ausgerottet wurden, oder aber durch atmosphärische Veränderungen ausstarben, die nur den großen Säugetieren etwas anhaben konnten. Diese Theorie würde wieder zum Szenario der Polverschiebung oder der des Meteoriteneinschlages passen.

Ein bereits über alle Maßen ausgeschlachteter Mythos passt ebenfalls in diese Zeit. Der Untergang des sagenumwobenen Inselstaates Atlantis, nach dem Forscher weltweit seit Jahrhunderten suchen. Es gibt zahlreiche Geschichten verschiedenster Kulturen, die über eine hoch entwickelte Zivilisation berichten, die durch eine plötzliche Flutkatastrophe vernichtet wurde. Platon beschrieb Atlantis 360 v. Chr. in seinen Dialogen „Timaios" und „Kritias". Er siedelt die Zeit von Atlantis 9000 Jahre vor seiner Zeit an. Zufälligerweise fällt auch diese Flutkatastrophe in die Zeit der weltweit erwähnten

Überflutungen. Ist doch etwas Wahres dran? Spekulationen gibt es schon viele, vielleicht wird früher oder später doch ein Forscher fündig.

9. Die Welt der Pyramiden

Über den gesamten Globus verteilt findet man antike Bauwerke, die mehr Fragen aufwerfen als die heutige Wissenschaft beantworten kann. Sie geben Grund zur Annahme, dass uns unsere Vorfahren noch eine Menge verschweigen. Es passt einfach nichts zusammen, und doch findet man Botschaften in den steinernen Monumenten die man nicht als Zufälle gelten lassen kann, zumal ähnliche oder gleiche Mysterien auf der ganzen Welt auftreten.

9.1 Die großen Pyramiden

Als erstes denkt man in diesem Zusammenhang an die großen Pyramiden von Gizeh mit der Sphinx. Die Altersdatierung stützt sich bei diesem Pyramidenkomplex auf sehr dünne Hinweise. Zahlreiche Geologen und Wissenschaftler haben bereits stichhaltige Gegenargumente in Bezug auf Bauzeit und Erbauer erbracht, trotzdem gilt noch immer die althergebrachte Lehrmeinung. Als Beweis für die Bauzeit um ca. 2500 v.Chr. führen die Ägyptologen einzig und allein den Bericht des griechischen Historikers Herodot an, der auf Jahrtausende altem Hörensagen beruht, sowie einer angeblich von einem Arbeiter angebrachten und falsch geschriebenen Kartusche mit dem Namen des Königs „Chufu". Für die Erbauer der Chephren und Mykerinos-Pyramide kommen scheinbar nur der Sohn Chephren und dessen Sohn Mykerinos in Frage. Wen die Sphinx darstellt, darüber sind sich die Ägyptologen selbst noch uneinig. Als Gegenargumente der Errichtungszeit fanden Forscher heraus, dass die großen Pyramiden teilweise unter Wasser standen, welches definitiv kein Nilwasser war, dass die Sphinx Wasser-Erosionsspuren am ganzen Körper hat, was auf starke Regenfälle schließen lässt, und die Ausrichtungen mit den Gestirnen um 10500 v.Chr. übereinstimmen. Darüber hinaus gibt es noch unzählige weitere Theorien und Spekulationen. Diese Gegenargumente deuten auf eine Zeit vor mindestens 6000 Jahren oder mehr für die Sphinx, sowie auf eine Zeit vor der Sintflut für die Pyramiden hin. Die Ägyptologen blocken diese Argumente vehement ab, würde dies doch den Verlust des ägyptischen kulturellen Erbes bedeuten, eine logische und auch verständliche Reaktion. Im "Hitat", dem Hauptwerk des Geographen und Historikers Taki ad-Din Ahmed ben Ali ben Abd al-Kadir ben Muhammed al Makrizi (1362-1442) wird bemerkt, *der Bauherr habe "Saurid" geheissen und der wiederum sei identisch mit dem hebräischen "Henoch."*... „*es ist der, den die Hebräer Henoch, den Sohn des Jared, des Sohnes des Mahalalel, des Sohnes des Kenan, des Sohnes des Enos des Sohnes Seths, des Sohnes Adams nennen, der las in den Sternen, daß die Sintflut kommen werde. Da ließ er die Pyramiden bauen und in ihnen Schätze, gelehrte Schriften und alles, worum er sich sorgte, daß es verloren und verschwinden könnte, bergen ...*" Noch treffender formuliert es der Gelehrte Muhammad ben Abdallah ben Abd al Hakam (7. Jahrh.): " *... die Pyramide kann nur vor der Sintflut gebaut worden sein, wäre sie* nachher *gebaut worden, so wüssten die Menschen über sie Bescheid ...*

Diese Aussagen von alten Historikern stehen dem Hörensagen Herodots entgegen. Jedenfalls ist allein die Bemessung der Bauzeit von 20 Jahren (man liest oft von 70 bis 120 Jahren) auf keinen Fall haltbar, wenn man bedenkt, dass in dieser Zeit über 1,6 Millionen Steinblöcke (manche berichten von über 2 Millionen Blöcken) aus dem Fels gehauen, transportiert, angepasst, und verlegt werden mussten, jeder einzelne mit exaktem Maß an die richtige Stelle, von denen jeder an die 1,5 Tonnen einige sogar an die 400 Tonnen wiegen. Die Verkleidungssteine sollen bis zu achtzig Tonnen gewogen haben. Das ist eine Milchmädchenrechnung bei der jeder noch so gutgläubige Mensch nur den Kopf schüttelt, doch die Ägyptologen halten daran fest und wollen der Menschheit diese Geschichte verkaufen. Drei Generationen lang wäre Ägypten eine einzige riesige Baustelle gewesen, und niemand berichtete darüber. Den Bau der Cheops-Pyramide beschreibt Herodot mit einer Bauzeit von 20 Jahren. Bei einem Ausmaß von ca. 1.600.000 Steinen würde dies bedeuten, dass alle 7 Minuten ein Stein versetzt werden muss, eine schlichtweg absurde Annahme. In der vierten Dynastie, in die man den Pyramidenbau datiert, herrschte in Ägypten noch die Bronzezeit. Für den Bau standen also nur Stein- Kupfer- und Bronzewerkzeuge zur Verfügung. Nun finden sich tausende von exakt parallelen und geschliffenen Megalithen aus Sandstein und Granit mit Ausmaßen von bis zu zwei Metern Länge und einigen Tonnen an Gewicht, aber einer Fertigungstoleranz von unter 1mm. Durch händisches Reiben mit Sand sollen diese glatten Oberflächen geschliffen, und mit Kupfersägen und Quarzsand sollen diese Blöcke gesägt worden sein.

13 meterlange Steinblöcke exakt gesägt

Eine völlig ebene Fläche durch reiben mit der Hand ist absolut unmöglich, da der Anpressdruck in jeder Position unterschiedlich ist, das kann sich jeder Laie vorstellen, und dass der Quarzsand unweigerlich dem weichen Kupfer mehr zusetzen würde als dem harten Granit liegt auch auf der Hand. Diese Theorie ist um einiges utopischer als jede andere noch so grenzwissenschaftliche Spekulation. Heutige, moderne Steinmetze wären mit Steinbearbeitungen in diesem Ausmaß sogar mit heutiger Technik überfordert. Wenn von den

Ägyptologen die Frage nach der Art und Weise des Baus offen gelassen wird, warum nicht auch die Zeit? Warum hält man an der vierten Dynastie fest, obwohl es keinen einzigen handfesten Beweis, um nicht zu sagen Hinweis dafür gibt. Die Könige selbst behaupten mit keiner Zeile die Erbauer der Pyramiden zu sein, die Ägyptologen hingegen wollen es ihnen mit Gewalt in die Schuhe schieben. Zweitausend Jahre lang schwieg Ägypten über den Pyramidenbau. Der griechische Historiker Diodor aus dem 1.Jahrhundert v.Chr. bemerkte:" *Die Priester mussten über die Bauwerke der Vorzeit, die von den Nefer, den "Gottmenschen der Vorzeit", und den Shemsu Hör, den "Horus-Königen", erbaut worden waren, Schweigen bewahren."* „*Obgleich hier Werke von solcher Größe erbaut wurden und die umliegende Gegend nur aus Sand besteht, ist doch weder eine Spur von einem Damm noch vom Behauen der Steine übrig geblieben, sodass es den Eindruck macht, als sei das Werk nicht allmählich durch Menschenhände entstanden, sondern auf einmal wie von einem Gott fertig in die Sandwüste hineingestellt worden.*

Wieder ein Hinweis auf die frühere Erbauung. Auch was die Namen der Erbauer betrifft, so sind sich weder die damaligen Einheimischen noch die Geschichtsschreiber einig. Jedenfalls beziehen sich alle Angaben auf Jahrtausende altem

Hörensagen.

Rund um die Pyramiden gibt es Hinweise in Arbeitergräbern, die auf eine Baustelle am Gizeh-Plateau hindeuten. Dies ist für die Ägyptologen auch das einzige Indiz, dass ihre Annahme der Bauzeit in der 4. Dynastie stimmt. Doch was spricht dagegen, dass diese Bauarbeiten sich lediglich auf die Errichtung der Nebenpyramiden beziehen? Diese können sehr wohl in dieser Zeit entstanden sein. Ihr Verfall und ihre mindere Qualität sprechen auch dafür, dass sie nicht von denselben Baumeistern wie die großen Pyramiden stammen. Historikern und Ägyptologen zufolge waren die Pyramiden Königsgräber. Jedoch stellte sich heraus, dass in keiner der großen Pyramiden Könige begraben wurden. Woher diese Lehrmeinung stammt, ist höchst verwunderlich, denn von den einzigen antiken Geschichtsschreibern, Herodot und Diodor stammt sie nicht.

„Der Zufall hat es gewollt, dass keiner der beiden Könige, welche sich diese Pyramiden als Grabmäler erbaut hatten, in ihnen begraben wurde. Das Volk war nämlich wegen der harten Arbeit an den Bauwerken sowie wegen vieler Grausamkeiten und Bedrückungen dieser Könige so erbittert, dass es drohte, ihre Leichen zu zerreißen und mit Beschimpfung aus den Gräbern zu werfen. Daher gaben beide vor ihrem Tode ihren Angehörigen den Befehl, sie an einem

unbekannten Ort heimlich zu begraben" (Diodor 1, sect. II, Art. 64).

Natürlich handelt es sich auch bei dieser Aussage wieder um Vermutungen und Schilderungen aus lang vergangener Zeit. Was könnten wir aus der Zeit vor 2000 Jahren schildern, und vor allem mit welchem Wahrheitsgehalt? Tatsache ist jedoch, dass in keiner der Pyramiden eine Mumie oder ein Anzeichen auf eine königliche Grabstätte gefunden wurde.

Die Rote Pyramide in Dashur, ein Bauwerk, das fast die Dimensionen der Cheops-Pyramide erreicht, wird dem Pharao Snofru, dem Vater von Cheops, zugeschrieben. Man fand an der Außenseite Hinweise, die auf ihn hindeuten. Wie von Forschern bereits mehrfach festgestellt wurde, ist dies jedoch ein im alten Ägypten vielfach festgestelltes Faktum, dass sich die alten Ägypter bereits bestehende Objekte durch Hinzufügen ihrer Graffitis einverleibten. Dies fällt vor allem bei kunstvoll gefertigten Hochreliefs auf, auf die nachträglich Hieroglyphen einfach eingeritzt wurden und qualitativ in keinem Verhältnis zum Gegenstand selbst stehen. Betrachtet man die sorgfältige und detailreiche perfekte Ausführung der Chephren-Statue (Bild 14), so verwundert die vergleichsweise stümperhaft schlampige Einritzung seiner Kartusche am Fußsockel. (vgl. Bild 14 und 15)

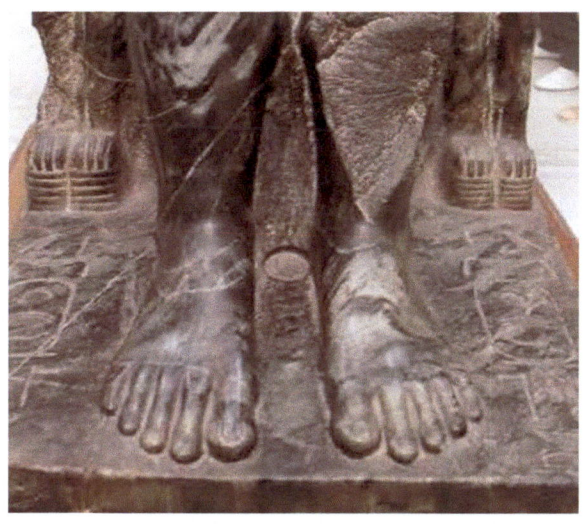

14 Chephren-Statue Fußsockel Einritzung des Namens

Es spricht nichts gegen die nachträgliche Anbringung der Namenskartusche. Auffallend ist auch die kreisrunde Einfräsung zwischen den Füßen, die es nach bronzezeitlichem Standard eigentlich gar nicht geben dürfte. Eine weitere Unlogik stellt die Evolution der Baukunst der drei Pyramiden dar. Die Cheops-Pyramide, ein Meisterwerk der Präzision war die erste und größte. Danach folgte eine etwas kleinere, die

Chephren Pyramide, die in Sachen Präzision längst nicht so vollkommen war, und danach eine noch kleinere, die Mykerinos-Pyramide, die schon Spalten bis zu 10 cm zwischen den Steinblöcken aufweist und bei der von Präzision absolut keine Rede mehr ist. Wollte im Altertum nicht immer ein Herrscher seinen Vorgänger übertrumpfen? Und warum hat die Baukunst von Bau zu Bau ab- statt zugenommen? Hat man nichts dazugelernt sondern das bauen verlernt? Hingegen ist der Taltempel des Chephren ein architektonisches Meisterwerk, mit exakt verlegten riesigen Steinquadern, wo man die Fugen schon fast suchen muss, um sie überhaupt zu erkennen. Wenn beides in der Zeit von Chephren entstanden ist, passt es bautechnisch absolut nicht zusammen, sein „Grab", ein schlampiger Steinhaufen, sein Taltempel ein präzises Kunstwerk.

Die versteckte Mathematik, die Position, die astronomische Ausrichtung sowie die vielen Hinweise in alten Überlieferungen deuten darauf hin, dass die Pyramiden mehr sind, als uns erzählt wird, was im weiteren Verlauf des Buches noch mehrmals genauer erläutert wird. Auch die Azteken machen keinen Hehl daraus, dass sie in ihre Pyramiden einfach nur eingezogen sind und selbst nicht wussten, wer sie erbaut hat.

Verwunderlich also, warum die Ägypter so auf der eigenen Erbauung beharren.

15 Chephren-Statue Kopf

9.2 Die Pyramiden in Südamerika

Nicht weniger aufregend als die ägyptischen Pyramiden sind die kolossalen Bauten in Südamerika. Die Pyramidenanlage von Teotihuacan liegt etwa 45km nordöstlich von Mexico-City und ist wohl eines der imposantesten Bauwerke der Geschichte. Schon die Azteken rätselten, wer die Erbauer dieser Stadt waren, die sie als verlassene Ruinenstadt vorfanden und besiedelten. Flächenmäßig größer als das antike Rom, fasste diese Stadt bis zu 200.000 Einwohner. Etwa im 8. Jahrhundert wurde die Stadt von ihren Erbauern verlassen, niemand weiß warum. Erst viel später, im 13.Jahrhundert errichteten die Azteken in dieser Stadt eine der größten Metropolen der damaligen Zeit. Für die Azteken war die Stadt der „Ort, an dem die Menschen zu Göttern werden". Die „Sonnenpyramide", wie die große Pyramide von den Azteken genannt wurde, ist mit einer Seitenlänge von 225m und einer Höhe von 63m die drittgrößte Pyramide der Welt. Die „Mondpyramide" hat eine Grundfläche von 120x150m und eine Höhe von 46m. Trotzdem wirkt sie optisch gleich hoch wie die Sonnenpyramide. Auch die Chephren-Pyramide wirkt gleich groß wie die Cheops-Pyramide, wurde hier bewusst derselbe optische Effekt ausgenutzt? Das dritte große Bauwerk dieser

Anlage ist die Quetzalcoatl-Pyramide, der Tempel der „gefiederten Schlange" mit einem quadratischen Grundriss von 65m Seitenlänge. Die gesamte Stadt ist in ihrer Ausrichtung und Struktur exakt geplant und wie auf einem rechteckigen Raster errichtet. Um die exakte Rasterung einzuhalten wurde sogar ein Fluss umgeleitet, was darauf schließen lässt, dass höchster Wert auf die Ausrichtung der Bauwerke gelegt wurde, und dass die Erbauer zu exakter Landvermessung fähig waren. Ein Bezug zu astronomischen Vorlagen ist durchaus naheliegend, denn Sonnenpyramide, Mondpyramide und der Tempel des Quetzalcoatl sind ebenso wie die ägyptischen Pyramiden nach den Gürtelsternen des Orion ausgerichtet.

16 Teotihuacan

Ein Mysterium von Teotihuacan sind die unterirdischen Glimmerkammern, Räume die mit Glimmer ausgekleidet sind, der sich zwischen Steinschichten befindet, also nicht sichtbar und somit auch nicht zu Dekorzwecken verlegt wurde. Auch ein glimmerverkleidetes Rohr führt aus diesen Kammern. Glimmer ist säurebeständig und bis zu 800°C temperaturbeständig. Wozu dienten diese Kammern? Jedenfalls müssen sie von enormer Wichtigkeit gewesen sein, denn der Glimmer wurde tausende Kilometer weit aus Brasilien importiert. Außer einigen Spekulationen gibt es jedoch keine konkreten Anhaltspunkte über den Sinn und Zweck dieser Glimmerverkleidungen. Die verkleidete Rohrleitung lässt auf die Verwendung einer Flüssigkeit schließen. In einer unterirdischen Kammer wurde auch eine große Menge an Quecksilber gefunden, das möglicherweise zur Goldgewinnung verwendet wurde. Mysteriös wäre dabei jedoch, dass den Vorgängern der Azteken bereits das Amalgamverfahren zur Goldgewinnung bekannt war. Einige Wissenschaftler vermuten die Verwendung von Quecksilber zur Farb-Auffrischung von Textilien, doch einen solchen Aufwand nur dafür zu treiben, dass die Kleidung in prächtigen Farben strahlt, wäre wohl etwas übertrieben. Weiters fand man eine Kammer voll mit kleinen, golden glänzenden Tonkugeln, überzogen mit gebranntem Pyrit. Glimmer, Quecksilber, Pyritkugeln? Wozu dienten diese Dinge den Azteken im 13. Jahrhundert?

Ebenso mit vielen Mysterien und astronomischen Kenntnissen behaftet sind zahlreiche Pyramiden der Maya in Mexico, Belize, Guatemala und Honduras. In den letzten Jahren wurden durch den Einsatz der LIDAR-Technologie[3] mehr als 60.000 Bauwerke entdeckt, die bis dato unbekannt waren. Somit ergibt sich ein völlig anderes Bild der gesamten Maya-Epoche in Ausmaß und Kultur, Wirtschaft und Kriegsführung und legt klar, dass die bisherige historische Erkenntnis über diese Kultur völlig fehlerhaft ist und neu überarbeitet werden muss. Gleichzeitig erkennt man auch das Ausmaß des damals gerodeten und bebauten Regenwaldes.

9.3 Die Pyramiden Chinas

Wenn man von Pyramiden spricht, so denkt man sofort und meist ausschließlich an die Megabauwerke Ägyptens. In den letzten Jahrzehnten erlangten auch die südamerikanischen

---

[3] Light Dectection and ranging – ermöglicht 3D Darstellung der Landschaft durch das Blätterdach des Waldes hindurch.

Pyramiden einen etwas höheren Bekanntheitsgrad. Dass die meisten und auch größten Pyramiden aber in China stehen, galt bis vor kurzem als Gerücht. 1945 wurde vom US Piloten James Gaussman südwestlich von Xiang eine riesige, weiße Pyramide entdeckt. Er schätzte ihre Höhe auf etwa 300m und die Seitenlänge auf knapp einen halben km. Der amerikanische Geheimdienst hielt diesen Fund jedoch geheim, bis zwei Jahre später erneut ein US-Pilot, Maurice Sheahan die Pyramide sichtete. Auch er schätzte sie auf dieselben Ausmaße. Während die Kommunisten um die Vorherrschaft in China kämpften und auch nach der Ausrufung der Volksrepublik im Jahre 1949 war es unmöglich, weitere Nachforschungen anzustellen. So blieb die Existenz der chinesischen Pyramiden die gesamte Nachkriegszeit hinweg ein Mythos, bis es 1994 dem Sachbuchautor Hartwig Hausdorf gelang, die Existenz dieser Pyramiden zu beweisen. 1999 wurde dann ein Bericht im ZDF ausgestrahlt. Es wurden noch weit mehr als hundert Pyramiden gefunden, das sind immerhin mehr als dreimal so viele wie in Ägypten, das eigentlich als Land der Pyramiden gilt. Fünftausend Jahre alte buddhistische Schriften berichten, dass die Pyramiden schon sehr alt seien, also weitaus älter als man von den Pyramiden in Ägypten offiziell annimmt. Hausdorf reiste 1994 erneut nach China und durfte einige Tage lang Aufnahmen von den Pyramiden machen, wobei er von einer verblüffenden Offenheit der Chinesen berichtete, denen bis dahin der Gedanke an etwaige Funde mehr Unbehagen als Neugier bereitete. Autobahnzubringer, Parkplätze und sogar Ausgrabungen befinden sich in der bislang verbotenen Zone. Die Erforschung dieser Bauwerke steht noch am Anfang, aber vielleicht werden die Funde auch im Reich der Mitte eine andere Geschichte als die bisher angenommene aufzeigen.

10. Mensch und Saurier

Das Buch Hiob berichtet in Kapitel 40 und 41 über zwei gewaltige Tiere namens Behemot und Leviatan.

Behemot:
Sieh doch den Behemoth, den ich mit dir gemacht habe; er frisst Gras wie das Rind. Sieh doch, seine Kraft ist in seinen Lenden, und seine Stärke in den Muskeln seines Bauches. Er biegt seinen Schwanz gleich einer Zeder, die Sehnen seiner Schenkel sind verflochten. Seine Knochen sind Röhren von Erz, seine Gebeine gleich Barren von Eisen. (Hiob 40,15-18)

Leviatan:
Auf seinem Hals wohnt die Stärke, und vor ihm her hüpft die Angst. Die Gliedmaßen seines Fleisches hangen aneinander

und halten hart an ihm, dass er nicht zerfallen kann. Sein Herz ist so hart wie ein Stein und so fest wie ein unterer Mühlstein. Wenn er sich erhebt, so entsetzen sich die Starken; und wenn er daherbricht, so ist keine Gnade da. Wenn man zu ihm will mit dem Schwert, so regt er sich nicht, oder mit Spieß, Geschoß und Panzer. Er achtet Eisen wie Stroh, und Erz wie faules Holz. Kein Pfeil wird ihn verjagen; die Schleudersteine sind ihm wie Stoppeln. Die Keule achtet er wie Stoppeln und er lacht über den Aufprall des Krummschwertes. (Hiob 41,14-21)

Worüber berichtet die Bibel in diesen Texten? Die Kraft und Widerstandsfähigkeit könnte vorerst auf einen Elefanten oder ein Nilpferd hinweisen, jedoch die Passage mit den Sehnen der Schenkel und dem Schwanz, ähnlich einer „massiven Zeder" würde wiederum besser auf ein Krokodil passen, das aber kein Gras frisst. Es muss sich um irgendeinen gewaltigen Pflanzenfresser handeln, der mit den damaligen Waffen nicht zur Strecke gebracht werden konnte.

17 Babylonisches Rollsiegel

18 Stegosaurus in Angkor Wat

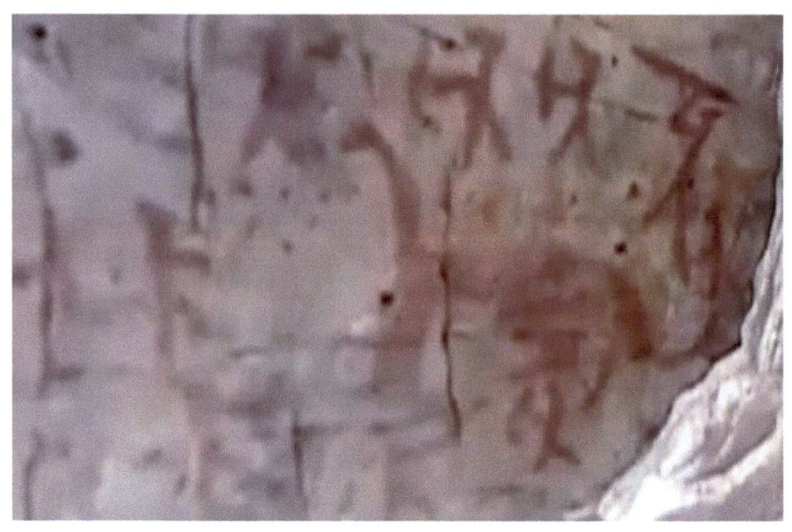

19 Amazonas Petroglyphen

In nahezu allen Kulturen und Epochen findet man Abbildungen oder Schilderungen von drachenähnlichen Wesen. Die älteste babylonische Darstellung dieser Reptilien stammt aus der Uruk-Zeit, 3900 – 2900 v.Chr. (Bild 17).

Dass diese Darstellung einem Sauropoden, einem prähistorischen Pflanzenfresser, täuschend ähnlich sieht, ist kaum zu übersehen, und sie würde auch mit der Schilderung der Bibel zeitlich wie auch inhaltlich zusammenpassen. Die Schulwissenschaft sieht darin einen Drachen, ein Wesen aus der Mystik und Phantasie der damals lebenden Menschen. Auch der Stegosaurus, der sich im Tempel von Angkor-Wat, der zwischen dem 10. Und 13. Jahrhundert erbaut wurde, in Stein gemeißelt befindet, *kann kein Stegosaurus sein*, denn die Menschen damals wussten laut der geltenden Lehrmeinung nichts über die Riesenreptilien aus der Kreidezeit. Und dennoch sind die Abbildungen authentisch und realistisch nachempfunden. In der Jagdszene, die im Amazonasgebiet gefunden wurde, wird laut seriösen Historikern eine Schlange gejagt, obgleich ganz deutlich Beine abgebildet sind. Die bemühten Versuche der Schulwissenschaft, diese Darstellungen zu erklären, bedürfen schon mehr Phantasie als die Annahme, dass möglicherweise einige diese Superechsen doch bis in die Zeit der Menschen überlebt haben, was ja nicht so abwegig wäre. So interpretiert man die Knochenplatten des Stegosaurus als *Blätter hinter einem Bären*, oder in der Jagdszene sollen sich die Beine durch Verwitterungsprozesse gebildet haben. Und warum sollen die Sumerer ihre „Schlangendrachen" mit massiven Körpern und robusten, stämmigen Beinen darstellen? Bis ins Mittelalter reichen die Erzählungen und Sagen von Drachen, die die Menschen bedrohten und von Helden erlegt werden mussten. Waren es überlebende Tiere aus der Epoche der Dinosaurier, die allmählich vom Menschen ausgerottet wurden? Warum ist dieser Gedanke der Schulwissenschaft so ein Dorn im Auge? Wir wissen aus unserer heutigen Zeit, dass unsere Spezies schon einige Arten ausgerottet hat, wie den tasmanischen Beutelwolf und das Quagga, und drauf und dran ist, weitere Gattungen zu vernichten. Man denke dabei an die Tiger, Nashörner und Elefanten, deren Bestand jährlich zurückgeht. Sollten einige der Riesen aus der Kreidezeit überlebt haben, so wären sämtliche Erzählungen und Mythen über Drachen völlig plausibel, auch die Petroglyphen der Antike, die solche Wesen darstellen, müssten nicht mehr so mühsam und phantastisch von den „Experten" erklärt werden.

Indizien

Eine alternative Theorie über das Zusammenleben vom Menschen und Dinosaurier nimmt an, dass es bereits zu Zeiten der Dinosaurier Menschen gegeben hat, also bereits hoch entwickelte Menschen durch die Kreidezeit wandelten. Dies sollen Funde belegen, wie gemeinsame Fußabdrücke von Mensch und Saurier in derselben Sedimentschicht, weiters existieren versteinerte Funde wie der „London-Hammer", dessen Alter durch das Gestein das ihn umschlossen hat, auf 140 bis 400 Millionen Jahre datiert wird. All diese Funde sind jedoch nach wie vor sehr umstritten und daher ist es schwierig, diese als Beweise für Saurier-Mensch-Kontakte heranzuziehen. Trotz allem sprechen mehr Indizien dafür als dagegen.

In der Nähe von Glen Rose, Texas, befindet sich er Paluxy River in dessen Bachbett sich mehrere Fußabdrücke von Dinosauriern befinden. Der amerikanische Kreationist Clifford Burdick deutete einen Abdruck als menschlichen Fußabdruck und wollte anhand dieses Fundes die Evolutionstheorie widerlegen und die göttliche Schöpfung beweisen. Man fand noch weitere längliche Fußabdrücke im Bereich des Paluxy Rivers, die menschliche Muster aufweisen, Paläontologen sehen darin jedoch unvollständig eingedrückte Saurierabdrücke, die nur auf den ersten Blick wie menschliche Abdrücke aussehen. Im Jahr 2000 fand der Fossiliensammler Alvis Delk einen Dinosaurierabdruck in der Nähe des Paluxy Rivers. Er verkaufte ihn 2008 dem Creation Evidence Museum in Glen Rose, wo er bis heute ausgestellt ist. Das Besondere an diesem Stück Felsen ist, dass er auch einen eindeutig menschlichen Fußabdruck enthält. Unzählige CT-Scans belegen die Authentizität dieses Fundes, für Archäologen ist er nach wie vor eine Fälschung.

20 Delk - Abdruck

Die verbissene Haltung der Schulwissenschaft, keine andere Theorie als die bislang gültige zuzulassen, zieht sich durch sämtliche Bereiche der Geschichte. Eindeutige Funde werden als Fälschungen oder Fehlinterpretationen erklärt. Es kann nicht sein, was nicht sein darf. Dass jedoch all die geltenden Theorien, als Erkenntnisse des vorigen Jahrtausends, mit einfachsten Mitteln zustande kamen, sollte Anlass dafür geben, diese neu zu überdenken und Fehler zu revidieren.

11.　Riesen der Antike

Wie die Erzählungen über Drachen sind auch Erzählungen und Mythen über Riesen in nahezu jeder Kultur präsent. Wie im Henochbuch geschildert wird, kamen „Engel" auf die Erde, paarten sich mit den Menschenfrauen, deren Nachwuchs letztlich aus Riesen, den „Nephilim" bestand, die der Menschheit grob zusetzten, da sie sehr bösartige Kreaturen waren. Um gleich anfangs die Angst vor dem Gedanken an die Existenz von Riesen zu mindern, sollte man sich an Robert Pershing Wadlow (* 22. Februar 1918 in Alton, Illinois; † 15. Juli 1940 in Manistee Township, Michigan) erinnern, der mit 2,72m der größte Mensch der Welt war. Sultan Kösen ist mit 2.51m der Rekordhalter im Jahre 2021. Menschen mit dieser Körpergröße kann man getrost als Riesen bezeichnen, sie sind keine Fabelwesen. Wie man sieht, gibt es auch heute noch Riesen, wenn auch nur sehr vereinzelt. In lang vergangenen Zeiten soll es jedoch ganze Kulturen von Riesen gegeben haben, wenn man den alten Aufzeichnungen und Indizien aus antiken Texten und Bauwerken folgt.

11.1. Riesen im antiken Griechenland

Wieder stolpert man als erstes über den Namen Herodot, dessen Schilderung über die großen Pyramiden ohne Wenn und Aber in unsere Lehrmeinung aufgenommen wurde. Im ersten Buch seiner Historien berichtet er über einen Schmied in der arkadischen Stadt Tegea, der beim Graben seines Brunnens auf ein etwa 3,5m großes Skelett gestoßen sei. Einem Orakelspruch zufolge soll es sich um die Gebeine des Riesen Orestes, des Sohnes des Agamemnon gehandelt haben. Wenn man Herodots Pyramidengeschichte für bare Münze hält, warum sollte man dann an dieser Geschichte zweifeln? Aus der griechischen Geschichte kennt man ja auch den Superhelden Herkules, der göttlichen Ursprungs ist, was wiederum den Texten aus dem Henochbuch gleich kommt. Im antiken Griechenland waren Riesen keine Seltenheit, so berichtet die Mythologie auch über die Titanen, die unzivilisierten Vorgänger der griechischen Götter, über die Giganten, die die Götter stürzen wollten und über die Zyklopen, die einäugigen, bösartigen Riesen aus der Odyssee.

Aus welchem Grund sollten sich die Geschichtsschreiber diese Wesen ausgedacht haben? Bemerkenswert ist, dass in allen alten Überlieferungen von Ost bis West, von Süd bis Nord, Riesen eine wesentliche Rolle spielen.

11.2. Riesen in der Germanischen Mythologie

In der Germanischen Mythologie sind Riesen gewalttätig und furchteinflößend. Sie sind den Menschen nicht wohlgesonnen und urgewaltige Schadensstifter. Die „Thursen", wie sie in der Edda genannt wurden. Ein älteres Riesengeschlecht sind die Hrimthursar. Eine Parallele zu den Apokryphen Texten, dem ersten Buch Henoch, dem Gigantenbuch und dem Jubiläenbuch stellt die Schilderung dar, dass sie alle im Blut des Ymir ertrunken sind, ausser Bergelmir und seine Frau, die dieser „Sintflut" entkamen. *„Letzten Endes werden die Wächter gebunden bis zum Ende der Welt und ihre Nachkommen werden in der Sintflut vernichtet.(Henoch)*

11.3. Riesen in Bibel, Tora und Koran

Auch die drei Weltreligionen berichten in alten Schriften vielfach über den Kontakt mit Riesen:

Und sie brachten über das Land, das sie erkundet hatten, ein böses Gerücht auf unter den Israeliten und sprachen: Das Land, durch das wir gegangen sind, um es zu erkunden, frisst seine Bewohner und alles Volk, das wir darin sahen, sind Leute von großer Länge. Wir sahen dort auch Riesen, Anaks Söhne aus dem Geschlecht der Riesen, und wir waren in unsern Augen wie Heuschrecken und waren es auch in ihren Augen. (Num 13,32-33 LUT)

Im Land Moab gab es noch ein weiteres Riesengeschlecht, die Emiter.

Die Emiter haben vorzeiten darin gewohnt; das war ein großes, starkes und hoch gewachsenes Volk wie die Anakiter. Man hielt sie auch für Riesen wie die Anakiter; und die Moabiter nennen sie Emiter. (Dtn 2,10-11 LUT)

In den nachfolgenden Eroberungsphasen kam es dann zu Siegen gegen zahlreiche Völker, wobei nach Angaben der Bibel im Land Baschan (in etwa der Golan) der König und letzte

Riese Og besiegt wurde. Die Angaben zu seinem Grab deuten auf eine Anlage hin, die mindestens 3 m oder gar 4,5 m Länge hatte.

So nahmen wir zu der Zeit den beiden Königen der Amoriter das Land jenseits des Jordans, […] und das ganze Baschan bis nach Salcha und Edreï, die Städte des Königreichs Ogs von Baschan. Denn allein der König Og von Baschan war noch übrig von den Riesen. Siehe, in Rabba, der Stadt der Ammoniter, ist sein steinerner Sarg, neun Ellen lang und vier Ellen breit nach gewöhnlicher Elle. (Dtn 3,8-11 LUT)

Den berühmtesten aller Riesen, Goliath, sollte man in diesem Kontext nicht unerwähnt lassen, der letztendlich durch David sein Ende fand.

Die türkische Glaubenslehre des Osmanischen Reiches bezeichnet die Riesen als „Diw". Allah sandte Iblis aus, um sie bis ans Ende der Welt zu vertreiben. In dieser Mythologie lebten die Riesen vor der Erschaffung des Menschen. Später tauchen sie noch in Erzählungen als Feinde der Propheten und Heiligen auf.

11.4. Riesen in Nordamerika

Theopompos von Chios, geb. um 378 v.Chr., ein weitgereister, gelehrter Zeitgenosse Platons behauptet in einer seiner zahlreichen Schriften, dass in Anostos, („Land der Nimmer-Wiederkehr") dem Land am westlichen Ende des Okeanos, Barbaren mit dreieinhalb Metern Größe gelebt haben. Diese sollen dem Volk der Hyperboreer zugesetzt haben. Das Land Hyperborea, das von den Griechen als perfektes Land der Seligen angesehen wurde, lag im Norden und wird heute als der nördliche Teil des amerikanischen Doppelkontinents vermutet. Sollte seiner Schilderung ein wahrer Kern zugrunde liegen, so müsste man in Erzählungen der nordamerikanischen Indianerstämme auf die Begegnung mit Riesen stoßen. Und genau das ist auch der Fall, wobei sich die Legenden über Riesen nicht nur auf den Norden beschränken, sondern auch weiter südlich zu finden sind. Richard L. Dieterle schreibt in „GIANTS FOUND IN NORTH AMERICA" darüber: "*Dem Indianer-Stamm der* Cocopa *zufolge waren die* Riesen *der Vergangenheit in der Lage Baumstämme zu tragen, welche sechs Menschen nicht bewegen konnten. Menschen können etwa das Doppelte ihres Körpergewichts heben.*" *Dazu rechnet er nach*: "*Ein Durchschitts-Mensch wiegt*

150 Pfund (jeder in der Gruppe muss also 300 Pfund tragen);
mal sechs Menschen, kommt man nun auf die Fähigkeit, 1800
Pfund zu tragen. Lassen Sie uns nun in Rechnung stellen, dass
diese sechs Menschen die Stämme nicht bewegen konnten,
womit diese reichlich mehr als 1800 Pfund gewogen hätten.
Diese Giganten trugen also mit Leichtigkeit 1800 Pfund-
Balken..." [4]

Die Choctaw, ein Indianervolk im Raum von Mississippi und
Alabama beschreiben in ihren Legenden ein Volk von Riesen,
das sie „Na-hon-lo" nennen, von großer Statur, gutaussehend
und teils gut, teils böse. Wie fast alle Indianermythen,
beschreiben auch ihre Überlieferungen die Riesen als
Kannibalen. In Minnesota berichten Überlieferungen der Sioux
und Delawaren über Kriege gegen Riesen. Im Raum von Ohio
schrieb im Jahre 1825 David Cusick, ein gebürtiger Tuscarora,
dass laut den alten Legenden, bei der Erschaffung des
Menschen durch den großen Geist, einige von ihnen Riesen
wurden. So berichten die Legenden von Menschen eines
mächtigen Stammes, den Ronnongwetowanea. Diese waren
von riesiger Statur und hatten ein großes Siedlungsgebiet. Als
die Choctaw lange genug die Greueltaten dieses Stammes

---

[4] Quelle: **Richard L. Dieterle**, GIANTS FOUND IN NORTH AMERICA

ertragen hatten, schlossen sich mehrere Stämme zusammen und vernichteten die Riesen mit einem Heer von 800 Kriegern. Diese Schlacht soll etwa 1500 Winter vor Kolumbus' Ankunft in Amerika geschehen sein. Auch die Pajute in Nordamerika wissen ähnliches zu berichten und beschuldigen die „Si-Te-Cah", ein Volk von rotschöpfigen Riesen, dass sie Kannibalen seien. Nach einem langen Krieg gegen sie, konnten sie diese durch einen Zusammenschluss mehrerer Stämme vernichten[5]. Die Schoschonen in Idaho berichten laut einem Online-Bericht unter dem Titel "Idaho's Flood-Giants Remembered" über Riesen, die ihre Vorväter terrorisierten und sie aus ihren Jagdgründen vertrieben. Diese „Tsawhawbitts" wie sie sie nannten, waren Menschenfresser und konnten kleinere Flüsse mit einem Schritt überqueren. Sie fingen Menschen, verschleppten sie und trugen sie zu kannibalischen Gelagen auf die Bergspitzen. Noch heute fürchten sich die Nachfahren dieses Stammes vor diesen Bergspitzen und nennen sie bis heute „Haus der Riesen".

Mythen wie diese finden sich bis in das Jahr 1840, wo angeblich die Rasse der bösartigen Menschenfresser ausgerottet wurde.

---

5 Joseph R. Jochmans (Litt. D.) Essay 'Strange Relics from the Depths of the Earth'

Alle diese Schilderungen, egal aus welchen Regionen der Erde, sind Mythen und Legenden deren Wahrheitsgehalt nicht nachweisbar ist. Auffallend ist jedoch, dass sich diese Schilderungen durch alle Kontinente ziehen und viele Parallelen aufweisen. Wie kann es sein, dass sich verschiedenste Kulturen auf verschiedenen Kontinenten, tausende Kilometer voneinander entfernt, ähnliche, oft sogar fast identische Geschichten ausdenken? Möglicherweise können archäologische Befunde mehr Licht in die dunkle Welt der Riesen liefern.

11.4. Archäologische Befunde

Wenn man bedenkt, dass die durchschnittliche Körpergröße in der Antike bei Männern 1,50 bis 1,60m betrug, (ein mittlerer Römer war 1,50 groß) so ist nicht schwer nachzuvollziehen, dass man in der damaligen Zeit einen Mann mit einer Körpergröße von 2m als Riese bezeichnet hätte. Heute würde man ihn einfach als „groß" bezeichnen, nicht jedoch als Riese. So schildern auch nordamerikanische Indianer Zusammenstöße mit gehörnten, fellbekleideten Riesen, aller Wahrscheinlichkeit nach Nordmänner oder Kelten, denn diese waren damals allen anderen Kulturen an Körpergröße überlegen. Nichts desto trotz sollte man gerade deshalb den Gedanken zulassen, dass, wenn es Menschen gibt, die um ein Drittel kleiner sind als andere, es auch solche geben konnte, die um ein Drittel größer waren als der heutige Durchschnitt. Wir erinnern uns an den eingangs erwähnten Rekordhalter mit 2,74m. Wenn es einen davon gibt, warum soll es nicht ein ganzes Volk oder eine ganze Kultur davon gegeben haben? Was spricht dagegen? Es entspricht nicht unserem heutigen Weltbild, aber das damalige Weltbild ist nicht unseres und es hat völlig anders ausgesehen. Wir sollten uns davon lösen, alles Vergangene in unser heutiges Weltbild zu pressen.

Vielfach hört man von Funden, die so mysteriös waren, dass sie kurz darauf verschwanden, oder von Männern in schwarzen Anzügen mit schwarzen Autos abgeholt wurden. Auf ein ähnliches Phänomen trifft man in Texas, in der Stadt Rockwall. Im Jahr 1852 stießen drei Farmer im Gebiet des Rockwall County auf Überreste einer alten Mauer, die die Wissenschaft bis heute beschäftigt. Während einige Schulwissenschaftler, wie üblich, diese für eine natürliche Formation halten, weisen andere darauf hin, dass es bei natürlichen Formationen keine Stürze, Torbögen und quadratische Aussparungen gibt, die an Fenster erinnern, darunter der Geologe James J. Shelton und der an der Universität Harvard ausgebildete Architekt John Lindsey. Die Mauer selbst ist 12m hoch, bildet ein Rechteck und umfasst einen Bereich von über 50km². Die ausgegrabenen Teile der Mauer waren zwischen 1936 und 1940 der Öffentlichkeit zugänglich, in dieser Zeit soll es auch einen großen steinernen Eingang gegeben haben, schildert die Enkelin eines damaligen Siedlers, die sich noch an die Ausgrabungen erinnert. Später soll jedoch der Bereich wieder zugeschüttet worden sein, weil man Einsturzgefahr vermutete. Bei weiteren Ausgrabungen fand man Artefakte, deren Alter man auf 200.000 bis 400.000 schätzt. Zeitzeugen berichten über den Fund vierer Steinblöcke, die Schriftzeichen und Piktogramme trugen. Auch metallene Ringe aus Eisen, Zinn und Titan sollen an der Mauer befestigt gewesen sein. Man vermutet, dass die Mauer vor prähistorischer Zeit eine Festung mit einer Stadt darin gewesen sein könnte. Es wurden 900m der Mauer ausgegraben, die Besucher gegen ein Eintrittsgeld besichtigen konnten. Am 28.Mai 1886 schrieb die regionale Zeitung einen seltsamen Bericht: "*Die größten Wunder, die wir diese Woche zu verzeichnen haben, sind der Fund eines versteinerten menschlichen Schädels. Bei der Arbeit am vergangenen Samstag legte Ben Burton mit seinem Pflug einen gigantischen Schädel frei, ganz so groß wie ein halbes Schaff. Die glotzenden Höhlen, in denen die Augäpfel einstmals rollten,*

waren so groß wie eine halbe Gallonen-Schale. Einige der
Kieferzähne waren noch vorhanden; einer von ihnen etwa
einen Zoll dick und zwei Zoll lang. Dies beweist, dass
dieses County einmal von einer Rasse von Leuten bewohnt
wurde, die heute erstaunlich anzusehen wäre. Dr. Wiggins hält
ihn für den Schädel eines ante-diluvianischen Riesen, der
mindestens 1000 Pfund gewogen habe. Jeder, der diesen
riesenhaften Schädel sehen möchte, kann dies tun, indem er
zum Büro des Success kommt, denn wie Mr. Burton sagt, wird
er ihn zur Besichtigung dort lassen.

Eine Woche später, am 4. Juni erschien ein weiterer Bericht,
der die Mauer definitiv als von Menschen errichtet bestätigte.
Die Folge war eine Menschenansammlung an der
Grabungsstätte, die den umliegenden Bereich der Fundstätte
untersuchte. Mr. Burton und zwei weitere Männer schlugen ein
Loch in den Boden, das eine große unterirdische Halle zum
Vorschein brachte. Hier soll sich eine große eiserne Kiste, eine
riesige Axt sowie ein riesiges Bettgestell befunden haben. Die
Forscher drangen nicht weiter in die Gewölbe ein, waren sich
aber sicher, dass diese Halle noch in weitere Räume führen
würde.

Beach Giant's Skull Unearthed By WPA Workers Near Victoria

Believed to Be Largest Ever Found in World; Normal Head Also Found

That Texas "had a giant on the beach" in the long ago appears probable from the large skull recently unearthed in a mound in Victoria County, believed to be the largest human skull ever found in the United States and possibly in the world.

Twice the size of the skull of normal man, the fragments were dug up by W. Duffen, archaeologist, who is excavating the mound in Victoria County under a WPA project sponsored by the University of Texas. In the same mound and at the same level, a normal sized skull was found. The pieces taken from the mound were reconstructed in the WPA laboratory under supervision of physical anthropologists.

A study is being made to determine whether the huge skull was that of a man belonging to a tribe of extraordinary large men or whether the skull was that of an abnormal member of a tribe, a case of giantism. Several large human body bones also have been unearthed at the site.

Marcus S. Goldstein, physical anthropologist employed on the WPA project, formerly was on the staff of Ales Hrdlicka, curator of the National Museum of Physical Anthropology.

Finds made through excavations in Texas are beginning to give weight to the theory that men lived in Texas 40,000 to 45,000 years ago, it is said.

STAMP SOCIETY MEETS

San Antonio Philatelic Society will hold its first meeting of 1940 at the Y. M. C. A. at 8:30 p. m.

Monday, when a course of rare stamps will be shown by collectors in this vicinity. New officers of the society are Norman H. Brock, president; E. A. Tur-

ner, vice president; L. F. Fields, secretary and treasurer, and Edward Albach, reporter. Both the president and vice president were re-elected.

GIANT SKULL—Believed to be possibly the largest found in the world, the human skull shown on the right was recently unearthed in Victoria County by Texas University anthropologists. The other two are of normal size.

21 San Antonio Express 1940

Eine Woche später berichtet die Zeitung über einen weiteren Besuch der unterirdischen Halle, wonach hinter einer rostigen Eisentüre ein riesiger Kessel mit menschlichen Knochen und Schädeln gefunden wurde. Kurze Zeit nach dieser Berichterstattung wurden die Zugänge zugeschüttet und die Zeitung verkauft. Der neue Inhaber hat nie wieder etwas von der Grabungsstätte berichtet. Im Jahr 1940 wurde wieder ein ähnlicher Bericht in Victoria County publiziert, der den Fund eines Riesenschädels veröffentlichte.

Die ganze Geschichte hört sich sehr seltsam an, lässt jedoch angesichts der genauen Angaben von Daten sowie der Berichterstattung durch die Presse einen gewissen

Wahrheitsgehalt vermuten. Auch die Schilderungen der Indianer, die von einem Riesenvolk von Menschenfressern berichten, das in einer befestigten Stadt hauste, würden gut zu dieser Geschichte passen. Dass man bis heute nichts mehr davon gehört hat, ist nicht weiter verwunderlich, denn wenn man Beweise für die Existenz einer Zivilisation, die vor 200.000 bis 400.000 Jahren auf der Erde gelebt hat veröffentlichen würde, würden die Wissenschaft und die Religionen auf dem Kopf stehen, und das könnte man um keinen Preis der Welt zulassen. Die AIAA (Amerikanischen Luft- und Raumfahrtbehörde) beschuldigte das Smithsonian Institut, Ende 19. bis Anfang 20. Jahrhundert unzählige Funde von Riesenskeletten verheimlicht und zerstört zu haben, die in ganz Amerika gefunden wurden, um die darwinistische Auffassung der Entwicklung der Menschheit aufrecht zu erhalten und forderten in einem Urteil des Obersten Gerichtshofes die Veröffentlichung ihrer Aufzeichnungen. Einige Akten lassen sich bis in das 19. Jahrhundert zurückverfolgen, so berichtet History.de in einem Onlinebeitrag: *„So heißt es in einem Text, der 1894 von Forschern der Abteilung für Ethnologie des Smithsonian Institut verfasst wurde: „Bedeckt von einer Muschelschicht (...) wurde ein großes Skelett in horizontaler Position, welches seine ganze Körpergröße preisgab, aufgefunden. (...) Vom Schädel bis zu den Füßen ist es* *zweieinhalb Meter groß. Es ist daher anzunehmen, dass dieses Individuum zu seinen Lebzeiten fast 2,70 Meter groß war." (Anm.d.Autors: ...immerhin noch um 4cm kleiner als der letzte Guiness-Rekordhalter, was also soll daran so mysteriös sein?)*

Dass Menschen in ihren Erzählungen gerne zu Übertreibungen neigen, ist kein Geheimnis. So kann man in diesem Zusammenhang davon ausgehen, dass die Erzählungen von 5 bis 9m großen Riesen massiv übertrieben waren, da diese Körpergröße rein humanbiologisch schon problematisch wäre. Jedoch Größen von über 2m wären durchaus denkbar und auch möglich, wenn man bedenkt, dass in früheren Zeiten die Menschen eher klein gewachsen waren, und dass ein 1,5m kleiner Mensch einen 2,5m großen Menschen durchaus als „Riese" bezeichnen würde. Die Mystifizierung des „Riesen" sollte nun beiseitegelegt und die Existenz von Riesen in grauer Vorzeit akzeptiert werden. Offenbar passt ein ganzes Volk dieser Körpergröße nicht in das historische Bild unserer Zeit, weil man keine offiziellen Erkenntnisse über eine solche vergangene Zivilisation hat. Mit untergegangenen Zivilisationen, die 200.000 bis 400.000 Jahre alt sind hat die Geschichte offenbar ein massives Problem, man will nicht wahrhaben, dass es lange vor unserer Zeit schon Zivilisationen gab. Haben unsere direkten Vorfahren wirklich 300.000 Jahre lang mit steinernen Speerspitzen Tiere gejagt und sich erst in den letzten 10000 Jahren für die technische Entwicklung bis zur Raumforschung entschieden?

12. *Mysteriöse Landkarten*

Landkarten, die ihrer Zeit lange voraus waren, geben der Wissenschaft Rätsel auf. Wissen, das zur Zeit ihrer Entstehung nicht existiert haben durfte, bildete die Grundlagen ihrer Anfertigung.

12.1 Der Dashka-Stein (Die „Landkarte Gottes")

Im Juli 1999 entdeckte der Naturwissenschaftler Dr. Alexandr Chuvyrov von der Baschkirischen Staatlichen Universität in der Nähe des Dorfes Chandar in der Region Nurimanoveine eine mysteriöse Reliefplatte. Wie durch die darauffolgenden wissenschaftlichen Untersuchungen festgestellt wurde, stellt diese eine 3D-Darstellung eines Teils der Uralregion dar. Die Flüsse Belaja und Sutolka, Gegenden der heutigen Städte Ufa und Salawa sowie ein riesiges Bewässerungssystem sind auf dem Relief zu erkennen. Weiters finden sich auf der etwa 1,5m mal 1m großen und etwa einer Tonne schweren Steinplatte

Schriftzeichen unbekannter Herkunft. Die Platte selbst besteht aus drei Schichten, aus einer 14cm dicken Dolomitschicht, aus einer 2cm dicken Diopsit-Glas-Schicht und aus einer 2cm dicken Calcium-Porzellan-Schicht. Wie dies gefertigt wurde, ist der modernen Wissenschaft unerklärlich. Die Altersbestimmung wurde nach verschiedenen Methoden durchgeführt, wobei aufgrund zweier Muscheln, die sich in der Steinplatte befinden, ein Alter von ca. 500 Millionen Jahre gemäß der ersten Muschel, ein Alter von ca. 120 Millionen Jahre gemäß der zweiten Muschel festgestellt wurde. Auch die Methode, in der die magnetische Ausrichtung der mikroskopisch kleinen Metallteilchen in der Steinplatte bestimmt wird, ergab ein Alter von 120 Millionen Jahren. Es kann natürlich der Fall sein, dass die Muscheln erst vor wenigen Tausend Jahren in die Steinplatte gelangt sind, aber auch wenn die Tafel nur einige wenige Jahrtausende alt wäre, wäre ihre Existenz schon mehr als mysteriös. Für die dreidimensionale Relief-Darstellung werden heutzutage Luftaufnahmen von Satelliten und enorme Rechnerleistungen benötigt, auch die Bearbeitung der Tafel selbst wirkt aufgrund ihrer Präzision eher maschinell als manuell gefertigt. Alte Aufzeichnungen aus der Fundregion sprechen von 200 solcher Platten, die noch irgendwo existieren sollen. Mit 384 Platten in dieser Größe könnte man die ganze Erde abbilden.

Möglicherweise war es ursprünglich eine zusammenhängende Karte, die im Laufe der Zeit, möglicherweise durch die letzte Eiszeit zerstört wurde.

12.2 Die Waldseemüller-Karte

In den Archiven des Adelsgeschlechts Waldburg-Wolfegg wurde 1901 eine aus zwölf teilen bestehende Karte entdeckt die Forschern bis heute Rätsel aufgibt.

Der Mönch und Kartograph Martin Waldseemüller fertigte im Jahre 1509 nach Auftrag des Herzogs von Lothringen eine Weltkarte an, in der er ein Gebiet als „Amerika" bezeichnete. Die Namensgebung leitete er vom Vornamen Amerigo Vespuccis ab. In späteren Werken änderte er die Bezeichnung wieder als „Terra Incognita". Weiters zeichnete er jenseits von Amerika einen riesigen Ozean , den Pazifik ein und umriss den südamerikanischen Kontinent äußerst genau. Laut Überlieferungen verwendeten Waldseemüller und seine Mitarbeiter 1500 Jahre ältere Aufzeichnungen des griechischen Geografen Claudius Ptolemäus und Briefe des florentinischen Seefahrers Amerigo Vespucci. Was soll daran mysteriös sein, sollte man sich jetzt fragen. Zum ersten ist es sehr seltsam, dass Waldseemüller in späteren Aufzeichnungen den Namen

Amerika wieder eliminierte, die Umrisse Südamerikas wieder ungenauer zeichnete und eine Verbindung zwischen dem Norden und Asien herstellte. Die vorher so genau dargestellte Form Südamerikas konnte er jedoch nicht wissen, da Magellan die Südspitze erst sieben Jahre später umsegelte. Auch die Existenz des Pazifiks war zu jener Zeit in Europa nicht bekannt, Vasco Nunez de Balboa erreichte den Ozean westlich von Amerika erst 1513 über Land. Woher hatte Waldseemüller Jahre vorher dieses Wissen, und warum revidierte er später wieder die eigentlich korrekten Angaben? Möglicherweise hatte die Kirche die Finger im Spiel, denn unmögliches Wissen zu besitzen, konnte zu dieser Zeit tödlich sein. Aber die eigentliche Frage ist, woher hatte er die Informationen, oder hatte schon Ptolemäus dieses Wissen, was ja noch mysteriöser wäre? Die Karte ist in der Library of Congress in Washington ausgestellt und gilt als erste Karte der Neuzeit.

22 Waldseemüller Karte

12.3 Die Karte des Piri Reis

Piri Reis (sein eigentlicher Name war Muhiddin Piri), war ein osmanischer Admiral und zeichnete neben vielen Karten, die den Mittelmeerraum, Afrika und Nordamerika darstellten, im Jahre 1513 eine Karte, die der Wissenschaft bis heute Rätsel aufgibt. Neben der Westküste Afrikas sind auch die Ostküste Südamerikas und die Nordküste der Antarktis dargestellt. Das sensationelle daran ist, dass die Küstenlinie der Antarktis eisfrei dargestellt ist, ein Zustand der mindestens 4000 bis 6000 Jahre zurückliegt, denn seit dieser Zeit ist diese Region mit kilometerdickem Eis bedeckt. Wie konnte Piri Reis die Kontur der Küstenlinie kennen, und wie konnte er überhaupt von einem Kontinent gewusst haben, der erst 1818 entdeckt wurde? Seinen Behauptungen zufolge verwendete er Aufzeichnungen und Kartenmaterial aus dem vierten vorchristlichen Jahrhundert. Charles Hapgood, ehemaliger Professor für Wissenschaftsgeschichte am Keene College in den USA befasste sich als erster mit der Piri Reis Karte. 1960 ließ er die Karte von der US-Air Force auf ihre Authentizität überprüfen und erhielt folgende Antwort vom damaligen Airforce-Befehlshaber Harold Z. Ohlmeyer:

Betr.: Weltkarte des Admiral Piri Reis

An Professor Charles H. Hapgood
Keene College,
Keene, New Hampshire

Sehr geehrter Herr Professor Hapgood,

zu ihrer Bitte um die Bewertung der Piri-Reis Weltkarte aus dem Jahre 1513 durch unsere Behörde nehmen wir folgende Stellung:
Wir teilen ihre Auffassung, dass der untere Teil der Karte die Kronprinzessin – Martha – Küste des Königin – Maud – Landes und die Antarktische Halbinsel darstellt. Wir halten

ihre Interpretation für eine logische und aller Wahrscheinlichkeit nach korrekte Auslegung der Landkarte.

Die geographischen Details des unteren Kartenbereiches entsprechen erstaunlich genau dem seismischen Profil, das die schwedisch – britische Antarktis Expedition im Jahre 1949 durch die Eisschicht hindurch anfertigte.

Somit wurde die Küste vor ihrer Vergletscherung kartographisch erfasst.

Heute ist das Eis in der fraglichen Region etwas über 1500 Meter dick.

Es ist uns angesichts des geographischen Kenntnisstandes von 1513 unerklärlich, wie die Karte aus jener Zeit dergleichen Daten enthalten kann.

Harold Z. Ohlmeyer
Oberstleutnant, USAF
Befehlshaber

23 Piri Reis Karte

Die Küstenlinie des Königin Maud Landes müsste vor tausenden Jahren, also vor der Vergletscherung vermessen worden sein, anders lässt sich dieses Wissen nicht erklären. Aber wer sollte das mit welchen Mitteln geschafft haben? Für eine bronzezeitliche Kultur wäre dies ein unmögliches Unterfangen gewesen. Gab es möglicherweise eine hochtechnisierte, vorsintflutliche Kultur die spurlos verschwunden ist? Diese Frage kann man sich in vielen Bereichen aufgrund alter Funde und altem Wissens stellen.

12.4 Die Orontius Phinäus Karte

Oronce Fine (1494 – 1555), wie sein bürgerlicher Name eigentlich lautete, war ein französischer Universalgelehrter, der schon zu Lebzeiten für seine kartografischen Leistungen bekannt war. Im Jahre 1559 erstellte er eine Landkarte, die besondere Bedeutung erlangte, da sie ähnlich der Piri Reis Karte, die Antarktis geografisch und topografisch verblüffend genau darstellte. Zu seinen Lebzeiten sollte dieses Wissen eigentlich nicht vorhanden sein. Charles Hapgood ist es zu verdanken, dass die Karte 1959 wiederentdeckt und analysiert wurde. Die 1974 in Wien geborene Ethnologin Dr.Christine Pellech befasste sich ebenfalls intensiv mit alten Landkarten und stellte fest, auf der Karte ist auch *„die südliche Hemisphäre der Erde mit der Antarktis und den südlichen Spitzen der Kontinente Afrika und Südamerika aufgezeichnet [...] Die Umrisse der Antarktis gleichen erstaunlich genau den Darstellungen der heutigen Karten. Der Südpol ungefähr in der Mitte des Kontinents entspricht den realen Gegebenheiten. Die Gebirgszüge an den Küsten der Antarktis entsprechen den Gebirgen, die in der letzten Zeit unter der Eisdecke festgestellt wurden. Die Küste muss demnach eisfrei gewesen sein. Da auf* *der Karte im Inneren der Landmasse keinerlei Gebirge zu erkennen sind, kann der Schluss gezogen werden, dass zu diesem Zeitpunkt, mindestens 4000 v.Chr., das Innere der Antarktis bereits mit Eis bedeckt war.*"

24 Finaeus Karte

Woher hatte Finaeus diese Informationen? Der Schulwissenschaft zufolge gab es vor dieser Zeit keinerlei Expeditionen und Seefahrten in diese Regionen und auch keine Zivilisation vor der unseren hatte die Möglichkeit einen Kontinent zu vermessen. Immerhin war zum Zeitpunkt der Erstellung der Karte die Antarktis vereist, und die topografischen Details, die in der Karte eingezeichnet sind, waren seit tausenden von Jahren daher nicht mehr sichtbar.

13.   Steinerne Unmöglichkeiten

Egal wohin man blickt, fast überall in der antiken Welt findet man Steinbauten, deren Herstellung sogar für heutige Maßstäbe schlicht unmöglich ist. Wenn man sich vor Augen hält, dass diese Monumente in der Bronzezeit entstanden sind, so ist dies nicht nur unmöglich, sondern im höchsten Maße wundersam. Rätselhaft erscheint auch, dass mancherorts solche Bauten in eine Zeit vor 3000-4000 Jahren (Ägypten), mancherorts ins europäische Mittelalter (Südamerika) datiert werden. An die 5000 Jahre lang sollen Megalithbauten errichtet worden sein, um dann plötzlich, ohne das Wissen wie diese erbaut wurden, aufzuhören? Im 1500 Jahrhundert hat man noch Megalithen verarbeitet, und ein paar Jahre später wusste niemand mehr wie es geht? „Faustkeile, Kupfermeißel und Baumrollen für den Transport" lautet der Choral der Mainstream-Wissenschaft, die alles totschweigt, was sich nicht erklären lässt.

13.1 Transporte

Reist man nach Baalbek im Libanon wird man Zeuge zweier schlicht unmöglicher Transportunterfangen.

13.1.1. Baalbeck

Der „Stein des Südens" weist mit einer Länge von 21,3m, 4,3m Höhe und 4,6m Breite ein Gewicht von ca.1500 Tonnen auf. Dieser Megalith wurde für den Bau des Jupiterheiligtums in Baalbek aus dem Steinbruch gehauen. Unmittelbar daneben gruben Archäologen einen weiteren Steinquader mit etwa 1600 Tonnen aus. Wie sich herausstellte wies dieser einen Riss auf, wodurch er beim Transport gebrochen wäre, darum wurde er offenbar liegen gelassen. Aber wie man ihn transportiert hätte, ist bis heute ein Rätsel. Jedenfalls wurden 3 solcher Steine mit einem Ausmaß von ca. 4x4x19m einen knappen Kilometer weit transportiert und bilden einen Teil der Basisplattform des Jupitertempels. Lehrmeinungen zufolge soll dieser Tempel im zweiten bis dritten Jahrhundert von den Römern erbaut worden sein, deren Kapazitäten jedoch mit einem Transport dieser Größenordnung hoffnungslos überfordert gewesen wären. Grenzwissenschaftler ordnen den Bau eher einer in

Vergessenheit geratenen Zivilisation zu, die über möglicherweise verlorengegangene Technologien verfügte, Schulwissenschaftler schweigen.

13.1.2 Ägypten

Zwar wurde er nie fertiggestellt und transportiert, aber nach den riesigen Kolossen von Baalbek dürfte er wohl an zweiter Stelle stehen: Der unvollendete Obelisk im Steinbruch von Assuan. Er liegt noch immer an seinem Ursprungsort, noch verbunden mit dem Felsen, aus dem er herausgearbeitet wurde. Angeblich wurde er zur Regierungszeit von Hatschepsut (1479 bis 1458 v.u.Z.) begonnen und war für den Tempel von Karnak bestimmt. Mit einer Seitenlänge von 4,2 mal 4,2 Metern und einer Gesamtlänge von knapp 42 Metern wiegt dieses Ungetüm über 1100 Tonnen und wäre der größte und schwerste Obelisk der Antike geworden. Aufgrund von Rissen im Material sollen die Arbeiten eingestellt worden sein. Oder war man plötzlich zur Überzeugung gekommen, dass dieser Monolith einfach nicht transportabel ist? Wie könnte man einen Stein dieser Größe bewegt haben? Wenn ein Mann 50kg heben würde, so wären 20000 Mann nötig gewesen, um diesen

Giganten hochzuheben. Diese Variante scheidet einmal von vornherein aus, da auf einer Länge von zwei mal 42 Metern höchstens 150 Mann Platz haben, und somit bei 300 Mann ein jeder 7,3 Tonnen heben müsste. Hölzerne Hebel würden brechen, abgesehen davon war Ägypten nicht wirklich mit Holz gesegnet, und sie mussten sogar für den Schiffsbau Holz importieren. Holz wäre zu kostbar gewesen um es für den Transport von Steinen zu verschleißen. Wie dann? Keiner hat eine Antwort darauf, aber die Historiker beharren darauf, dass die Bronzezeitler solche Kolosse durch die Gegend schleppten. Ohne Eisen, ohne Rad, nur mit den Händen und vielen, vielen Slaven. Irgendwer tat es auch wirklich, aber dass es eine Kultur ohne eine uns unbekannte Technik schaffte, ist wohl mehr als fragwürdig.

13.1.3 Ollantaytambo

90km von Cusco in Peru entfernt liegt die alte Inka-Ruinenstadt Ollantaytambo. Neben absolut unmöglich scheinender Präzision megalithischer Steinbearbeitung ist der Sonnentempel ein Mysterium für sich. Sechs verschieden breite Megalithen aus Rhyolit bilden eine Mauer mit 4m Höhe und 10m Breite. Jeder dieser Megalithen wiegt zwischen 50 und 100 Tonnen, und zwischen den Megalithen befindet sich jeweils ein vertikaler, exakt eingepasster Steinstreifen. Die Bearbeitung an sich grenzt bereits an ein Wunder, jedoch der Transport der Steine an ihren Bestimmungsort übertrifft menschliches Potenzial bei weitem. Der Steinbruch Cachiqata befindet sich etwa 4 km entfernt. Hier wurden die Steinblöcke laut Angaben im 15. Jahrhundert abgebaut und mussten anschließend durch einen Fluss und unwegsames Gelände bis auf ihren in 300m höher befindlichen Bestimmungsort transportiert werden. Bis heute hat niemand nur eine vage Idee, wie dies funktioniert haben könnte.

13.1.4 Stonehenge

Eines der prominentesten Bauwerke ist Stonehenge, der berühmte Steinkreis in England, der vor über 4000 Jahren errichtet wurde. Neuesten Forschungen zufolge ist Stonehenge nur die Spitze eines Eisbergs, denn in der Umgebung wurden noch viele weitere und auch größere Anlagen lokalisiert, die noch nicht ausgegraben wurden. Errichtet wurde der Steinkreis, und vermutlich auch noch die vielen weiteren, mit sogenannten Blausteinen, die jedoch nicht in der Umgebung zu finden sind. Man fand den Steinbruch in Wales, in 320km Entfernung vom Errichtungsort. Menschen in der Jungsteinzeit sollen diese bis zu 80 Tonnen schweren Monolithen über diese

Strecke über Berg und Tal transportiert haben. Theorien und Feldversuche mit steinkugelgelagerten Hölzern, talg- geschmierten Schlitten und mit Korbgeflecht umwickelten Steinen wurden bereits angestellt und haben teilweise funktioniert. Auf ebener Fläche oder einer asphaltierten Straße mag dies möglicherweise funktionieren, aber wenn man sich vorstellt, dass das Transportsystem, welches auch immer, durch die Last der Monolithen in den weichen Boden gedrückt wird, scheinen auch diese Theorien weit hergeholt. Und was motivierte die damaligen Menschen Steine aus einer solchen Entfernung unter solch strapaziösen Bedingungen heranzuschaffen? Die Altersdatierungen wurden anhand von Lagerfeuerresten bestimmt. Hier drängt sich die Möglichkeit auf, dass die jungsteinzeitlichen Jäger und Sammler auf die bereits vorhandenen steinernen Monumente stießen und dort ein Feuer machten. Demzufolge könnten die Steinkreise aus grauer Vorzeit stammen. Henry Browne fungierte 1824 als erster Kurator von Stonehenge und vertrat in seinem Werk „The geology of scripture" die These nach dem Paläontologen William Buckland (1784-1856), Stonehenge sei ein vorsintflutlicher Tempel aus der Zeit Noahs. „Rituale aus der Steinzeit" am 21.11.2014, 22:45 Uhr ORF 2 sowie "Stonehenge - Tempel des Lichts" am 28.11.2014, 22:45 Uhr, ORF 2. berichteten über aktuelle Funde des Ludwig Boltzmann

Institutes aus Wien, denen zufolge rund um Stonehenge noch hunderte Steinkreise existieren und in der Nähe wurde durch Bodenradar eine unterirdische, vermutlich um tausende Jahre ältere Anlage gefunden. Mehr als 70 Gruben, wahrscheinlich Fundamente für Holzpfosten und Megalithen wurden entdeckt. Man nimmt an, dass die Steine, die für den Bau von Stonehenge verwendet wurden, einfach aus dieser Anlage entnommen und neu angeordnet wurden, was bedeuten würde, dass sie bereits in grauer Vorzeit aus den Steinbrüchen herangebracht wurden.

13.1.5 Carnac

In der Bretagne stehen über 3000 Monolithen, die in kilometerlangen Reihen und sogar in geometrischen Figuren angeordnet sind. Die Monolithen von Carnac. Der größte Megalith hat die Höhe von 20m und wiegt 350 Tonnen. Das Alter der Anordnung nimmt man mit 6000-2000 Jahren vor unserer Zeitrechnung an. Wie man weiß, lassen sich jedoch von Steinen keine Altersdatierungen bestimmen. Zu dieser Zeit sollen in Carnac Fischer und Bauern gelebt haben. Nun stellt sich, wie bei fast allen neolithisch eingeordneten Mega-Bauwerken die Frage, ob Fischer, Bauern, Jäger und Sammler nichts Besseres zu tun haben, als tagtäglich tonnenschwere

Steine zu schleppen? Wie man sich vorstellen kann, war die Nahrungsbeschaffung in dieser Zeit kein einfaches Unterfangen und nahm viel Zeit und Kraft in Anspruch. Auch war man als Fischer oder Jäger nicht so gebildet, dass man monumentale Gebäude nach astronomischen Mustern ausrichten konnte, wie in Carnac, wo man die Muster auch nur aus der Luft erkennen kann. Das passt absolut nicht in eine neolithische Gesellschaft. Ebenso gilt diese Theorie, Jäger und Sammler hätten die Anlage von Göbekli Tepe vor über 10000 Jahren errichtet. Einerseits gesteht man den Menschen dieser Epoche keine Zivilisation zu, andererseits unterstellt man ihnen organisatorische, architektonische, statische, astronomische, künstlerische und logistische Fähigkeiten, die der heutigen Zivilisation in nichts nachstehen. Die Annahme, Menschen, die tagtäglich für ihren Nahrungsbedarf und für die Bestreitung ihres Lebensunterhaltes schuften müssen hätten Zeit und Energie, zusätzlich steinerne Riesenmonumente zu schaffen, entsagt jedem menschlichen Hausverstand. Zusätzlich macht man sich noch Gedanken, wie sie diese Megalithen bewegt haben können, die sogar für die heutige Zeit und für moderne Mittel eine Herausforderung darstellen würden. Auf der ganzen Welt, findet man Megalithen, wo man sich den Kopf zerbricht, wie diese in den noch niedrig entwickelten Kulturen transportiert wurden, und vor allem, zu welchem Zweck. Und alles nur, weil irgendjemand irgendwann in der Nähe solcher Bauwerke ein Feuer gemacht, datierbare Kohlerückstände hinterlassen, oder sogar einen Toten bestattet hat.

14. Felsenbauwerke

Für dieses Thema wäre ein Buch-Band geeigneter als ein Kapitel eines Buches, darum sollen hier auch nur einige der imposantesten und unmöglichsten Bearbeitungen von Steinmonumenten aufgezeigt werden. Es gibt unzählige Quellen, wo man sein Interesse für dieses Thema befriedigen kann, jedoch berichten die meisten davon eher sachlich nüchtern, mit Belegen von „Fakten und Zahlen", die unmöglicher nicht sein können. Aber man kann sich ja seinen eigenen Reim darauf machen, indem man seinen gesunden Hausverstand einschaltet.

Der Kailash Tempel in Ellora in Indien ist ohne Frage eines der größten monolithischen Wunder der Erde. Er soll im 8. Jahrhundert im Zentrum der Ellora-Höhlen vom König Rashtrakuta zu Ehren des Gottes Shiva zwischen 756 und 773 erbaut worden sein, also in gut 17 Jahren. Alles schön und gut möchte man meinen. Aber dieser Tempel wurde aus einem einzigen Fels mit Hammer und Meißel herausgearbeitet. Hier wurde kein Stein auf einen anderen gesetzt, sondern wie eine Schnitzerei wurden Tonnen von Stein aus dem Fels gearbeitet, und zwar von oben nach unten. Experten halten dies einfach für schlicht unmöglich. Ist es wahrscheinlich auch, denn wann genau der Tempel errichtet wurde, weiß niemand so ganz genau, genauso wenig *wie* er wirklich errichtet wurde. Jedenfalls stammt er aus einem einzigen Felsen.

25 Kailash Tempel

Berechnungen zufolge wurden zwischen 300.000 und 500.000 Tonnen Basaltmaterial aus dem Fels geschlagen, das Mysteriöse daran ist, dass dieses Schuttmaterial nirgends zu finden ist. Es ist spurlos verschwunden. Die angegebene Bauzeit mag wieder an die Cheopspyramide erinnern. Gebaut in 18 Jahren, vorsichtig mit 300.000 Tonnen gerechnet, bedeutet dies den Abbau von 46 Tonnen pro Tag, im schlimmsten Fall 76 Tonnen pro Tag, wenn man mit 500.000 Tonnen rechnet. Mit einer Armee von Arbeitern wäre das noch irgendwie zu schaffen, wären da nicht Hunderte von realistisch ausgearbeiteten Skulpturen von Göttern, Löwen, Elefanten und kunstvoll gestalteten Ornamenten. Ein gewöhnlicher Arbeiter ist nicht in der Lage, eine Skulptur aus einem Stein zu meißeln. Dazu erfordert es künstlerisches Talent und einiges an anatomischem Wissen um Proportionen von Tier- und Menschenkörpern realistisch darstellen zu können. Eine Armee von künstlerisch begabten Bildhauern gab es aber selbst im alten Indien nicht, wenn man sich noch die weitere Schwierigkeit vorstellt, dass alles von oben nach unten gearbeitet wurde. Es muss dazu präzise, detaillierte Pläne gegeben haben, besser noch, 3D-Pläne. Wie konnte jeder einzelne Arbeiter sonst wissen, wo er den Meißel ansetzen soll? War eine Zivilisation im 8. Jahrhundert wirklich zu so einer Leistung fähig? Noch dazu innerhalb von 18 Jahren?

26 Skulpturen im Kailash Tempel

Der spätere moslemische Herrscher Aurangzeb, Erbauer des Tadsch Mahal, gab im 17. Jahrhundert den Befehl den Tempel zu zerstören. Berichten zufolge schafften es 1000 Mann innerhalb von 3 Jahren nicht, mehr Schaden anzurichten, als ein paar Gesichter von Statuen zu demolieren, obwohl auch die Erbauer nur Hammer und Meißel verwendet haben sollen.

In ähnlicher Bauweise sollen die 11 Felsenkirchen von Lalibela in Äthiopien errichtet worden sein. Auch diese wurden von oben nach unten aus dem Felsen gearbeitet.

27 Kirche von Lalibela

Der König Lalibela hat nach den Überlieferungen alle elf Kirchen innerhalb von 26 Jahren eigenhändig aus dem Fels geschlagen haben. „Nachts kamen Engel und halfen ihm dabei", so die Legenden. Wissenschaftler behaupten, es wären 40000 Arbeiter nötig gewesen, um allein die Welterlöserkirche, die größte der 11 Kirchen, in 23 Jahren zu errichten. Nachdem der König Lalibela in 26 Jahren alle 11 Kirchen allein errichtet haben soll, ist weder die Entstehungszeit noch die Art und Weise, wie und mit welchen Mitteln sie erbaut wurden, geklärt. Die Kreuzsymbolik der Kirchen lässt den Bau auf ein frühestes

Errichtungsdatum ab dem 4, Jahrhundert vermuten, da das Kreuz erst ab dieser Zeit als christliches Symbol galt. In der Tigray-Region in Äthiopien wurden laut wissenschaftlichen Datierungen vom 11. Bis ins 13. Jahrhundert weitere 150 halbmonolithische Kirchen erbaut, das heißt, sie wurden teilweise aus dem Fels geschlagen und mit zusätzlichen Mauern vervollständigt. Steinbearbeitung lässt sich, wie wir wissen, nicht datieren. So können die Kirchen, wenn man die Symbolik des Kreuzes außer Acht lässt, irgendwann in grauer Vorzeit errichtet worden sein, von einer längst untergegangenen Zivilisation. Ein Bauprojekt dieser Größenordnung im 13. Jahrhundert hätte sonst irgendwo eine schriftliche Erwähnung finden müssen. Eigenartig ist auch grundlegend das Motiv, unter solchem immensen Arbeitsaufwand Kirchen unter Erdniveau zu errichten.

Dieses Phänomen lässt sich auch in weiten Gebieten der heutigen Türkei bestaunen. Man vermutet dort die Existenz von über 50 unterirdischen Städten in Kappadokien. 36 wurden bereits entdeckt, die imposanteste liegt in Derinkuyu, die 1963 zufällig entdeckt wurde und auch der Öffentlichkeit zugänglich ist. Özkonak, 10 km nordwestlich von Avanos soll mit etwa 60.000 Bewohnern und 19 Stockwerken die größte gewesen sein, ist aber noch weitgehend unerforscht. Über die

Entstehungszeit der Städte streiten sich die Geister. Die Stadt Derinkuyu erstreckt sich über 8 Stockwerke und verfügt über Wohnräume, Gesellschaftsräume, Kerker, Kirchen, Lagerräume, Weinpressen, Zisternen und Viehstallungen. Über 15000 Lüftungsschächte versorgten die Stadt mit Frischluft. Ein Brunnen versorgte die Stadt mit Wasser. Mit steinernen Rolltüren im Durchmesser von 3-4m konnte die gesamte Stadt nach außen hin abgeriegelt und vor Eindringlingen geschützt werden. Die Räume der bisher freigelegten Anlage haben ein gesamtes Ausmaß von 2500m², die Einwohnerzahl wird auf 3.000 bis 50.000 geschätzt. Man nimmt an, dass erst etwa ein Drittel der Stadt freigelegt wurde.

In antiker Zeit soll ein Tunnel zu der 9km weit entfernten Stadt Kaymakli, die ungefähr dieselben Ausmaße und ebenfalls 8 Stockwerke und 15.000 Lüftungsschächte besitzt, geführt haben. Die Einwohnerzahl von Kaymakli wird auf 3000 bis 15.000 geschätzt. Für die Städte wird laut Historikern eine Erbauungszeit um 4000 vor unserer Zeitrechnung angenommen, mit Sicherheit kann es jedenfalls niemand sagen. Einige Archäologen sehen in den Erbauern die Hethiter, andere wiederum die Christen in späterer Zeit. Sicher ist jedoch die Nutzung und Erweiterung der Anlage durch die Christen während der Entstehungsphase des Christentums. Ein großes

Mysterium sollte man aber bedenken: Wovon lebten 15.000 Menschen in unterirdischen Behausungen? Um eine solche Menschenmenge zu ernähren erfordert es eine weitläufige Landwirtschaft und Viehzucht. Dies ist unterirdisch nicht möglich, da sowohl Pflanzen aus auch Tiere Sonnenlicht benötigen. Wohnen unterirdisch, Landwirtschaft überirdisch? Die Landwirtschaft hätte sofort den Standort verraten und eine Belagerung und ein Aushungern der Stadt durch Feinde wäre ein Leichtes gewesen. Was tat man mit den Abwässern? Eine Lagerung der Abwässer und Fäkalien von 15.000 Bewohnern und Tieren innerhalb der Anlage hätte in kürzester Zeit zu Seuchen geführt, abgesehen von dem Gestank. Bei einer Erbauung in der Bronzezeit muss man sich auch wieder dessen bewusst sein, dass die Arbeit mit weichen, primitiven Werkzeugen verrichtet wurde, warum ging man unter die Erde? Es muss einen guten Grund gehabt haben.

Wäre es nicht einfacher gewesen, diese Kirchen und Städte im Hochbau mit Steinen oder Ziegeln zu errichten? Warum unter der Erde? Und wozu dienen die unterirdischen Gänge und Labyrinthe, die die Kirchen und Städte miteinander verbinden? Wollte man sich vor irgendetwas an der Erdoberfläche verstecken oder schützen? Zum Schutz hätte man auch Wehranlagen und Festungen errichten können, was wesentlich einfacher gewesen wäre, als Tonnen von Schutt aus den Felsen zu hämmern. Offensichtlich wollte man nicht gesehen werden oder man musste sich aus klimatischen oder anderen umweltbedingten Gründen vor der Außenwelt schützen. Oder, (erinnern wir uns an das äthiopische Kebra Negest Kap.5.3) wollte man sich in grauer Vorzeit vor fliegenden Göttern verstecken, denn aus der Luft wären die unterirdischen Städte nicht auszumachen gewesen, ebenso wenig die Bewegungen und Transporte zwischen den Kirchen und Städten durch die unterirdischen Tunnel. Waren diese Städte vielleicht Verstecke, die nur bei Gefahr kurzfristig bezogen wurden? Das wäre eine plausiblere Erklärung dafür. Eine Gefahr, die vom Boden aus droht, wie angreifende Kriegerhorden wären aus einer erhöhten Burg einfacher abzuwehren gewesen, als dass man sich unter die Erde versteckt und sich der Belagerung oder Ausräucherung ausliefert. Im zweiten Weltkrieg versteckten sich die Menschen bei Bombenangriffen in Luftschutzbunkern. Wäre es nicht denkbar, dass diese Anlagen eine ähnliche Funktion erfüllten? Sowohl aus alten indischen als auch sumerischen Quellen ist bekannt, dass frühe Kulturen bereits über verheerende Massenvernichtungswaffen verfügten, Flugobjekte besaßen und ganze Landstriche in Schutt und Asche legen konnten. So nimmt man auch bei der Zerstörung der jordanischen Stadt Tall el-Hammam, dem alttestamentarischen Sodom an, dass diese in der Zeit um 3700 v.Chr. durch eine gewaltige Brandkatastrophe unterging, da sie unter einer dicken Ascheschicht begraben war, die durch ein Feuer ausgelöst wurde, das eine bronzezeitliche Kultur nie legen könnte. Man fand geschmolzene Glasscherben und Schmelzgesteine, die einer Temperatur von 8000-12000 Grad Celsius ausgesetzt waren, weiters gab es Anzeichen einer gewaltigen Stoßwelle. Das Glas war nur einen Millimeter dick, was darauf schließen lässt, dass die Hitzeentwicklung nur einige Millisekunden lang dauerte. Die Stoßwelle wird aufgrund der Zerstörungen vom Archäologen Phillip Silvia von der Dreieinigkeit-Südwest-Universität in Albuquerque, New Mexico, mit der einer 10 Megatonnen-Atombombe gleichgesetzt. War es eine Atombombe oder ein über dem Boden explodierter Meteorit? Niemand weiß es, aber die Katastrophe könnte der Auslöser dafür gewesen sein, sich unter die Erde zu verstecken. Nur, wenn es ein Meteorit war, war dies ein einmaliges Ereignis, und es hätte folglich keinen Anlass mehr dazu gegeben, sich wieder in die unterirdischen Städte zu begeben. Es muss sich also öfters zugetragen haben, und man wusste auch, dass die Gefahr weiterhin bestünde. Lot wusste, wie die Bibel berichtet *(Gen 19,1–29)* auch vorher, dass es passieren würde, man hatte aber 3700 v.Chr. nicht die Möglichkeit, bevorstehende

Meteoriteneinschläge vorherzusagen. Möglicherweise war die Umgebung verstrahlt? Denn Sodom wurde auch 600 bis 700 Jahre danach nicht mehr bewohnt.

Funde belegen, dass Gebiete von Jordanien bereits vor etwa 12500 Jahren besiedelt waren. So auch die Region um die sagenhafte Felsenstadt Petra, die über 1000 Jahre als verschollen galt und erst im 19. Jahrhundert wiederentdeckt wurde. Wann mit der Erbauung begonnen wurde, ist nicht bekannt, jedenfalls schreibt man die erste Besiedelung der Stadt dem Stamm der Edomiter, einem späteiszeitlichen Stammesverband und den Erzfeinden Israels zu. Sie sollen Nachfahren des biblischen Esau gewesen sein. Später siedelten sich im 3. Vorchristlichen Jahrhundert die Nabatäer in der Stadt an, die die Stadt erweitert haben sollen. Ab dem 6. Jahrhundert wurde die Stadt nachweislich nicht mehr bewohnt. Auch hier lässt sich die Angabe der tatsächlichen Erbauung nur durch Spekulationen datieren, da es keine schriftlichen Belege gibt. Zwar können die Besiedelungen durch die Datierung organischer Überbleibsel bestimmt werden, aber nicht der Bau selbst. Auch hier findet man wieder künstlerisch gestaltete Motive, die dem Erschaffer mehr abverlangen als nur Kraft. Abgesehen davon wird die Erbauung in der Jungsteinzeit bis Bronzezeit angesiedelt, was bedeutet, dass dieses künstlerische Meisterwerk mit primitivsten Stein-, Kupfer- und Bronzewerkzeugen geschaffen worden sein soll. Jedenfalls ist von keinem der Felsenbauten feststellbar, wann und mit welchen Mitteln er wirklich erbaut worden ist. Man kann also durchaus die Möglichkeit in Betracht ziehen, dass all diese Monolith Bauwerke bereits aus vorsintflutlicher Zeit stammen, erbaut von untergegangenen Zivilisationen, die über geeignete technische Mittel verfügten, von denen wir heute keine Vorstellung haben. Nachweisbar ist immer nur die Besiedelung der Stätten durch organisch datierbare Überreste, die von späteren Besiedelungen hinterlassen wurden.

15.   Megalithbearbeitung

Unanzweifelbare Beweise für Technologien, die sich gänzlich unserem Wissen entziehen, sind auf der ganzen Welt in Form von steinernen Artefakten zu finden. Alte Schriften berichten von Substanzen, mit denen man Steine weich machen konnte, von Werkzeugen, die diejenigen mitbrachten, die vom Himmel herabkamen, und von Steinen, die von selbst an ihren Bestimmungsort schwebten. Betrachtet man diese Meisterleistungen an Steinmetzkunst, so ist man geneigt, diese Schilderungen als Wahrheit anzuerkennen. Angeblich in der

Bronzezeit entstandene Granitbauwerke, deren Errichtung selbst für die heutige Zeit schlicht unmöglich wäre, sollen mit Hühnerknochen, Kupfermeißeln und Reibsand erschaffen worden sein. Archäologen und Historiker sind keine Techniker, und somit ignorieren sie auch die Unmöglichkeit, Granit mit Kupfer zu bearbeiten und erklären es mit dem Vorhandensein unzähliger Arbeiter. Aber auch tausende von Arbeitern können Kupfer nicht härter machen als Granit. Jeder dieser Schulwissenschaftler sollte einmal versuchen, mit Kupfer oder Bronze seinen Namen in eine Granitplatte zu ritzen, vielleicht würde dann die Geschichtsschreibung anders aussehen. Während Kupfer sich auf der Mohs'schen Härteskala auf Stufe 2 befindet, steht Granit auf Stufe 6 und ist nur durch gehärteten Stahl oder noch härtere Materialien ritzbar. Mit Kupfersägen Granit schneiden? Ein Ding der Unmöglichkeit, wie jeder moderne Steinmetz bestätigen wird.

Trotzdem finden wir weltweit sagenhafte Steinbearbeitungen, die in die Bronzezeit oder noch früher datiert werden. Riesige, tonnenschwere, bearbeitete und exakt geschnittene Granitplatten, dreidimensional exakt aneinandergefügte Megalithen und rätselhafte geometrische Formen geben Anlass dazu, unbekannte Technologien in Betracht zu ziehen und die benannte Errichtungszeit in einer anderen Zeitepoche anzusiedeln. Zwar nicht tonnenschwer und keine Megalithen, aber umso unmöglicher in der Herstellung sind ägyptische Vasen aus Alabaster, Basalt und Diorit, dem härtesten Stein, den es gibt. Wie konnte man diese aushöhlen? Man könnte ein konisches Loch in die Mitte bohren, aber eine konstante Wandstärke durch die kleine Öffnung herzustellen ist auch nach heutigen Maßstäben einfach absolut unmöglich. Man kann so etwas nicht produzieren, trotzdem ist es da.

Die wohl mysteriösesten Zeugen unmöglicher Steinmetzkunst sind die Mauern, die der Inka-Kultur zugeschrieben werden. Mit welcher Präzision tonnenschwere, unförmige Monolithen aneinandergepasst wurden, ist selbst für den heutigen Wissensstand der Technik unerklärlich.

28 Sacsayhuaman Mauer

In Cusco und Sacsayhuaman im heutigen Peru findet man unzählige Mauern, deren Herstellung an ein Ding der Unmöglichkeit grenzt. Der große Monolith in Bild 27 ist schätzungsweise an die 5 m hoch. Wenn man bedenkt, dass diese Wände kein zweidimensionales Puzzle sind, sondern auch im inneren an ihren Grenzflächen genauestens aneinander passen müssen, so stellt man sich die Frage, wie das, noch dazu ohne Eisenwerkzeug, zu bewerkstelligen ist. Wie vermisst man eine Freiformfläche eines Steines und überträgt die dreidimensionale Kontur auf den anderen? Handwerker unserer Zeit sind schon manchmal an der Herstellung einer Gehrung zweier Bodenrandleisten überfordert. Die Mauern vermitteln den Eindruck, sie wären tatsächlich weich gemacht und aneinander gedrückt worden. Auf Bild 29 sieht man eine stufenförmige Anpassung zweier Steine. Wofür war diese Kontur gut? Man möchte fast glauben, die Bearbeitung wäre so eine Leichtigkeit gewesen, dass man sich solche Spielereien gönnte. Es gleicht fast einer Verhöhnung heutiger Steinmetze, und Spielereien dieser Art sind in Bauwerken der der Inka-Kultur keine Seltenheit.

29 Sacsayhuaman Passung

30 weiche Steine ?

Zwar lebten die Inkas vom 13. bis ins 16. Jahrhundert, aber Rad, Zugtiere oder Eisen waren ihnen unbekannt. In Europa fand zu dieser Zeit das graue Mittelalter statt. Eine Interpretation dieser Baukunst in diese Epoche wäre trotz Rad,

Zugtiere und Eisen schlicht undenkbar. Man könnte sich niemals vorstellen, dass Europäer in dieser Zeit ihre Burgen mit megalithischen Mauern dieser Art herstellten. Sie hätten es schlicht gesagt, nicht einmal ansatzweise geschafft. Warum eine mittelalterliche Kultur mit Rad, Eisen und Zugtieren nicht, eine primitivere Kultur ohne Eisen, Rad und Zugtier schon? In nur 300 Jahren sollen sie all diese aufwändigen Bauwerke über Peru, Bolivien, Argentinien, Chile und Ecuador verteilt und ein Straßennetz von 40.000km errichtet haben? Ohne Rad, ohne Eisen und ohne Schrift, nur mit Knoten in Schnüren, die der Kommunikation dienten? Konnten damit dermaßen logistische Herausforderungen gemeistert werden? Es ist wirklich schwer vorstellbar. In seltsamer Weise ähneln diese Steinpuzzles denen im alten Ägypten. Im Taltempel des Chephren, und im Osireion, dem Totentempel von Sethos I findet man ebenfalls exakt aneinandergepasste Steinblöcke. Diese sind jedoch tausende Jahre älter als die, die den Inkas zugeordnet werden.

31 Taltempel des Chefren

Warum sollten die Inkas solche Steinmauern gebaut haben, wo es doch ab dem 13. Jahrhundert schon andere und einfachere Methoden dafür gab und auf der ganzen Welt bereits mit Holz, Steinen, Lehmziegeln und Mörtel gebaut wurde? Auch die Spanier hätten etwas von der Art und Weise der inkaischen Steinbearbeitung mitbekommen müssen, nachdem sie das gesamte Inkareich eingenommen hatten. Aber alles was berichtet wird ist, dass die Erbauer einen Pflanzensaft hatten, mit dem man die Steine erweichen konnte. Es gibt Berichte, dass der „Kingfisher", in Europa Eisvogel genannt, bestimmte Blätter sammelt und diese auf die Felsen legt um sie weich zu machen. Anschließend pickt er ein Loch für sein Nest in den Felsen. Vielleicht gibt es wirklich eine Pflanze, die eine Säure beinhaltet, die Steine weich machen kann. Wir wissen ja, dass Essigsäure Kalk auflösen kann, möglicherweise hatten die Erbauer dieser Monumente eine ähnliche Pflanze, die im Laufe der Zeit in Vergessenheit geraten ist.

1979 wurde in Frankreich das „Institut Geopolymer" gegründet, das sich mit der Herstellung künstlicher Steine befasst. Der französische Chemiker und Gründer des Instituts, Professor Joseph Davidowitz vertritt die Ansicht, dass die Pyramiden von Gizeh und auch die Inka-Mauern aus künstlich hergestellten Steinen erbaut wurden. Damit würde sich die Frage erübrigen, wie diese riesigen Blöcke transportiert und auf fast 150m gehievt wurden. Unterstützung findet seine Theorie jedenfalls dann, wenn man sich Bauteile in Puma Punku oder Cavustepe näher betrachtet. Formen dieser Art und Präzision mit Kupfermeißeln aus dem Stein zu hauen ist schlichtweg unmöglich, sie im Gießverfahren herzustellen hingegen kein so großes Problem.

Also, mit Kupfermeißeln bearbeitet wurden sie von den Inkas demzufolge nicht, und vielleicht wurden sie überhaupt nicht von den Inkas bearbeitet.

Nun könnte man sich die Frage stellen, ob die Inkas nicht auch in bereits vorhandene Strukturen eingezogen sind. Die Azteken, die vom 14. Bis zum 16. Jahrhundert, also in etwa zur selben Zeit in der Gegend von Mexico beheimatet waren, geben offen zu, dass sie nicht die Erbauer der kolossalen Pyramiden in Teotihuacan waren, sondern dass Götter in grauer Vorzeit diese schufen. Bis heute weiß niemand wer die Erbauer waren. Auffallend ist, dass, obwohl die Megalithkulturen bis ins Mittelalter datiert werden, trotzdem niemand nur einen Ansatz eines blassen Schimmers hat, wie diese gigantischen Steine transportiert und geformt wurden. Außer seltsamen Spekulationen und verzweifelten Erklärungsversuchen von Archäologen gibt es in keiner Megalithkultur der Welt handfeste Hinweise, was den Schluss zulässt, das alles schon vorher da war und von Zivilisationen stammt, von denen wir absolut nichts wissen. Es müsste sonst irgendwelche Überlieferungen geben. Auch haben die spanischen Eroberer in Südamerika keinen einzigen Inka dabei überrascht, wie er gerade mit einem Kupfermeißel einen Megalithen bearbeitet, sie hätten es sonst ganz sicher berichtet.

Die Stadt in den Wolken, Machu Picchu in den peruanischen Anden, ist eine der berühmtesten Sehenswürdigkeiten aus dem Inka-Reich. Der peruanische Archäologe Dr. Victor Angles stellte sich die Frage, warum die Spanier nichts von Machu Picchu gewusst haben, sie hätten die Existenz dieser Stadt niemals vor den Spaniern geheim halten können, da diese über

Spione verfügten, die eng mit den spanischen Obrigkeiten kooperierten. Trotzdem wussten die Spanier nichts von der Stadt in den Wolken. Der amerikanische Altertumswissenschaftler John Hemming hat darauf nur eine Antwort: Weil die Inkas zu dieser Zeit selbst nichts von der Existenz Machu Picchus wussten. Der Astronom Dr.Rolf Müller (1898-1981) kam durch astronomische Berechnungen bezüglich der Sternwarte in Machu Picchu auf den Schluss, dass die Errichtung der Anlage auf 4000 v.Chr. datiert werden kann, der Architekt und Ingenieur Oswaldo Paez Patino gesteht dem Bauwerk ein Alter jenseits der ägyptischen Pyramiden zu. Dazu würde die Existenz der riesigen Festung Kuelap passen, der „Stadt der Wolkenkrieger", einer ähnlichen Anlage wie Machu Picchu, die von einer pre-inkaischen Kultur bewohnt wurde: der Chachapoya-Kultur. Die Chachapoya waren ein blutrünstiges und gefährliches Kriegervolk, das sich nach der Eroberung auf die Seite der Spanier stellte und gegen die Inkas kämpfte. Kuelap liegt in der Nähe der gleichnamigen Stadt Chachapoyas. Die Spuren dieses Volkes lassen sich laut dem Anthropologen Peter Lerche bis zurück in die Zeit um 2000 v.Chr. verfolgen. Nun geht man auch bei dieser Anlage von Errichtungsdaten zwischen 2000 v.Chr. bis 800 n.Chr. aus, was belegt, dass auch diese Angaben allesamt auf Spekulationen beruhen und niemand wirklich etwas über die definitive Bauzeit weiß. Anzunehmen ist jedoch, dass nicht die Inka für den Bau von Machu Picchu sowie der Gigantenmauern verantwortlich waren. Ebenso verhält es sich mit der herausragenden Goldschmiedekunst, die den Inkas zugesprochen wird. Die Chimú-Kultur, deren Hauptstadt Chan Chan im 15.Jahrhundert die größte Stadt Amerikas war, verfügte über talentierte Goldschmiede, die ihre Kunst von der Sicán- und Moche-Kultur erlernt hatte, beide Vorgänger-Kulturen der Inkas. Mit der Eroberung der Chimú um 1470 durch die Inkas wurden die Goldschmiede ins Inka-Reich deportiert, und mussten für die Inkas arbeiten. So verhielt es sich auch nach der Eroberung der Sicán durch die Chimú. Die Goldschmiedekunst der Inka stammt demnach von der Moche-Kultur. Nebenbei sei erwähnt, dass die Bauwerke der damals technisch hochentwickelten Chimú aus Schilf, Holz und Lehmziegeln bestanden. Auch die Inka-Stadt Llactapata wurde aus gewöhnlichem Steinmauerwerk errichtet, wie es auch im europäischen Mittelalter üblich war. Vergleicht man nun die Baustile von Llactapata und Cusco wird jedem Laien auffallen, dass dies unmöglich ein und derselben Kultur zugeordnet werden kann.

Neben den schon bereits relativ bekannten mysteriösen Bauwerken Ägyptens und Mittelamerikas findet man auch in Sri Lanka außergewöhnliche Steinbearbeitungen, die dieselben

Merkwürdigkeiten aufweisen. Die Felsenfestung Sigiriya wurde 1982 zum Weltkulturerbe erklärt, wird in Reiseführern angepriesen und auf Wikipedia ausführlich beschrieben, sachlich und nüchtern. Die Festung wurde vom König Kasappa I (473-491) erbaut, und zwar auf einem riesigen Felsen, der 200m aus der Erde ragt. Auf dem Plateau befindet sich neben Tempeln und diversen anderen Bauwerken aus Lehmziegeln auch ein Wasserbecken aus Granit, welches ungefähr 20x30m misst und etwa 2m tief ist. Während des letzten Jahrhunderts nach der Wiederentdeckung im Jahre 1831 durch den englischen Offizier Jonathan Forbes wurden metallene Stiegen angebracht, um das Felsplateau für Touristen erreichbar zu machen. Es gab vorher keine Stiegen oder Leitern, auch keine Spuren, wo welche angebracht wurden. So weit, so gut. Keine offizielle Beschreibung der Anlage erwähnt nur mit einer einzigen Silbe, dass dieses Bauwerk nach unseren Maßstäben gar nicht existieren dürfte, denn ist voll von Hinweisen, die sich unserem Verständnis entziehen. Etwa 3 Millionen Lehmziegel und tausende Marmorplatten wurden 200m hoch auf das Plateau transportiert. Marmor gibt es in dieser Region nicht, der Fels ist von dichtem Dschungel umgeben. Wie wurde dieses Material auf das Plateau geschafft, ohne Leitern oder Stiegen? Für den Bau wären hunderte von Arbeitern nötig gewesen. Wie wurden diese auf dem Plateau mit Lebensmitteln versorgt?

Über die neuen, modernen Metallstiegen dauert der Aufstieg für halbwegs trainierte Touristen etwa zwei Stunden. Eine Möglichkeit wäre gewesen, den Auf und Abstieg sowie den Materialtransport über Strickleitern und Seilzügen zu bewältigen, aber 200m hoch? Das Wasserbecken ist das größte monolithische Becken der Welt, es wurden an die 3500 Tonnen Material aus dem Granit herausgearbeitet. Wenn man sich vorstellt, dass dies mit Hammer und Meißel geschah, kann man sich vorstellen, wie lange dies gedauert haben muss, aber glücklicherweise findet man keine Meißelspuren. Die Bearbeitungsspuren gleichen eher dem Muster, die ein Löffel in Eiscreme hinterlässt, langgezogen und gleichmäßig. Der gesamte Felsen ist durchsetzt von Bohrungen, ausgearbeiteten Würfeln, Quadern und länglichen Ausschnitten, an Stellen, wo es keine Möglichkeit gibt, sie zu erreichen oder gar darauf zu stehen. In der näheren Umgebung des Felsens stehen hunderte Felsbrocken im Dschungel, aus denen unzählige einige Zentimeter kleine Würfel herausgearbeitet wurden. Die Archäologie kann sich keinen Reim darauf machen, wofür diese Ausnehmungen gut waren. Man spekuliert, dass in diese Ausnehmungen Kristalle eingesetzt wurden, aber zu welchem Zweck? Niemand weiß es. Den Überlieferungen zufolge soll Ravana, der mächtigste Herrscher Sri Lankas, der vor tausenden von Jahren lebte, diesen Bau errichtet haben. Ravana soll auch einer außerirdischen Rasse, den Asuras, angehört haben. Auch hier weisen alte Legenden wieder auf eine Entstehungszeit lange vor unserer Geschichtsaufzeichnungen hin.

Auf den gesamten Globus verteilt findet man Megalithbauwerke, von Südamerika bis China, deren Entstehung laut seriöser Geschichtswissenschaft um etwa 4000 vor unserer Zeitrechnung begann und bis ins 15. Jahrhundert reichte. Also über 5000 Jahre lang baute man mit Megalithen und schleppte hunderte Tonnen schwere Felsen umher. 5000 Jahre lang hat sich nichts in der Entwicklung der Baukunst getan? Und trotz der langen Zeit ist ab dem 15. Jahrhundert das Wissen über diese ominöse Steinbearbeitung restlos verloren gegangen? Wem will die Wissenschaft diese Theorie verkaufen? Alles Vorhandene wird ohne Rücksicht auf Logik und Machbarkeit bekannten Kulturen anheimgestellt, weil sie sich halt irgendwann in diesem Gebiet aufgehalten haben.

32 Llactapata

16. Das Gleichgewicht der Energien

Nassim Haramein, der Begründer der „Einheitsfeld-Theorie"
stellte die Theorie auf, dass die Tetraeder-Struktur die stabilste
geometrische Form aufweist. In seinen Ausführungen
berechnet er aufgrund der Planck-Zahlen, dass in einem Proton
genau so viel Energie steckt, wie im gesamten Universum. Er
bezieht sich dabei auf die Einstein'sche Relativitätstheorie und
die Quantenphysik. Er stellt sich die nicht unbegründete Frage,

was sich zwischen dem Atomkern und dem Elektron eines Wasserstoff-Atoms befindet. Das Verhältnis zwischen der Ausdehnung des Atoms und der Materie die sich im Atom befindet, legt den Schluss nahe, dass über 99% des Atoms aus „Nichts" bestehen. Nun besteht alles auf der Welt aus diesen Atomen, also zu über 99% aus „Nichts". Es muss aber etwas das Elektron an den Atomkern binden, da es ansonsten aus seiner Umlaufbahn fliegen würde, somit liegt der Schluss nahe, dass dieses „Nichts" reine Energie sein muss, das „Einheitsfeld" wie er es nennt. Diese Energie muss einer geometrischen Struktur folgen. Nachdem der Tetraeder die stabilste geometrische Form ist, stellt er das Energiemodell auf die Basis von aneinander gereihten Tetraedern. Im Zuge langjähriger Forschungen stellte er eine Matrix aus 64 Tetraedern her, die sowohl für den kleinsten Bereich in der Atomwissenschaft als auch für astronomische Forschungen und schwarze Löcher anwendbar ist. Er konnte diese Erkenntnisse durch mathematische Herleitungen wissenschaftlich beweisen. Die 64-Tetraeder-Struktur ist eine der wenigen dreidimensionalen Fraktale aus platonischen Körpern, die überhaupt existieren. Nun, wie passt dieser Exkurs in die Physik in dieses Buch, wird man sich jetzt fragen. Dazu muss man sich diese Tetraeder-Struktur in projizierender Ansicht betrachten. (Siehe Bild 33)

33 64-Tetraeder "Stern-Tetraeder"

Diese Struktur stellt das Gleichgewicht der Energievektoren dar. Eine Erfindung des 21. Jahrhunderts? Weit gefehlt. Die Geschichte ist voll von diesem Symbol, genannt „Die Blume des Lebens", das Gleichgewicht der Energie. Vor allem bei Esoterikern und Energetikern ist dieses Symbol sehr beliebt, und auch im Altertum findet man dieses Symbol der „heiligen Geometrie" an verschiedensten Orten über den ganzen Globus Welt verteilt.

34 Blume des Lebens

Im Totentempel von Sethos I (1323 v. Chr.; † 1279) in Abydos findet man die Blume des Lebens auf einer Säule im Osireion, (Bild 35) eine Schale aus dem 7-8 Jahrhundert v.Chr., die man in Zypern gefunden hat, enthält exakt dasselbe Symbol, ebenso ein Sarkophag aus dem antiken Kent in Smyrna aus osmanischer Zeit, ein Bodenrelief in Ephesos, der Palast von König Ashurbanipal im Nord-Irak aus dem Jahre 645 und ein Silberkelch aus der Marlik Kultur im Iran, datiert ca. 1400 vor unserer Zeitrechnung.

35 Tempel von Abydos

Die wohl bekannteste Darstellung in dreidimensionaler Form befindet sich unter der Pfote des „Fu Dog" am Eingang zur „Verbotenen Stadt" in Peking. Auch in Japan gibt es eine ähnliche Darstellung unter der Pfote eines Löwen. Die Zeiträume der Funde erstrecken sich – der Wissenschaft zufolge – vom 13. Vorchristlichen Jahrhundert bis in die heutige Zeit. Der älteste Fund wäre demnach die Abbildung im Sethos-Tempel. Das Osireion soll laut Überlieferung von Sehos I erbaut worden sein, fest steht jedoch nur, dass zur Zeit von Sethos I Renovierungsarbeiten durchgeführt wurden und, wie des Öfteren in Ägypten üblich war, die Kartusche des Pharaos wahrscheinlich nachträglich angebracht wurde. Das Osireion ähnelt aufgrund seiner Präzision und der bis zu 100 Tonnen schweren Megalithen in der Bauweise dem Taltempel des Chephren, der, wie bereits erwähnt, nicht zum Baustil der

Chephrenpyramide passt, und demnach das Osireion viel älter sein muss, wenn es laut Legende aus der Zeit von Osiris stammt. (9770-8970 v.u.Z) Es gibt unzählige wissenschaftliche Beweise, dass die megalithischen Bauten und die Sphinx zwischen 7000 und 15000 Jahre alt sind und somit von den Netern und Shemsu Hor, den „Göttern" und „Halbgöttern", erbaut worden sind.. Im Turiner Papyrus wird ihnen eine Regierungszeit vor den dynastischen Königen bescheinigt, die bis in die Zeit um 10.500 v.u.Z. datiert wurde.

36 Baum des Lebens

Hatte man in vorgeschichtlichen Zeiten bereits das Wissen über das Energiefeld und die Tetraederstruktur der Energievektoren? Soweit unser historisches Wissen in die Vergangenheit reicht, ist das schwer vorstellbar, denn stein-

und bronzezeitlichen Kulturen dieses Wissen zu unterstellen, wäre absurd. Abgesehen davon müsste unsere heutige Kultur viel weiter entwickelt sein, wenn man vor Jahrtausenden bereits über subatomare Teilchen Bescheid wusste und dieses Wissen über diesen Zeitraum bis heute weiterentwickelt wurde. Irgendwann muss der Faden der kulturellen Evolution gerissen und das Wissen verloren gegangen sein. Angesichts der monumentalen Megalithbauten und Steinbearbeitungsmethoden muss aber irgendwann eine Technologie existiert haben, die wir uns heutzutage nicht vorstellen können. Steine von hunderten Tonnen zu transportieren würden eine Technik zum Aufheben der Schwerkraft erfordern, die exakten Steinbearbeitungen eine Art Laserschnitt, ganz zu schweigen von der immensen Logistik, die hinter diesen Bauwerken steckt und dem astronomischen Wissen, nach dem die Bauwerke ausgerichtet sind. Das passt weder in die Stein- noch in die Bronzezeit. Es muss eine oder vielleicht mehrere Kulturen gegeben haben, die einfach spurlos verschwunden sind und uns lediglich ihre steinernen, rätselhaften Überbleibsel hinterlassen haben.

17.   *Versunkene Kulturen*

Viele alte Überlieferungen und Artefakte weisen auf Kulturen hin, die zu einer Zeit lebten, die sich unserer historischen Kenntnis entzieht. So berichten die Ägypter von einer Zeit der Dunkelheit und des Chaos, aus dem die Götter hervortraten und Ägypten gründeten. Die Inkas berichten, dass Tiwanaku, eine prä-inkaische Stätte in Bolivien, tausende Jahre vor ihnen erbaut wurde, und zwar von Viracocha, einem weißen, bärtigen Gott mit blauen Augen. Die Mayas kannten ihn als Kukulkan, die Azteken als Quetzalkoatl. Weißhäutig und Bart – dieser Menschentyp ist alles andere als ein südamerikanischer Indio. Den Inka-Legenden zufolge scheiterte sein erster Versuch der Erschaffung des Menschen, und er vernichtete seine Schöpfung durch eine katastrophale Flut. Nahezu alle Kulturen der Welt berichten über eine katastrophale Flut, die Mainstream-Wissenschaft hält eine weltweite Katastrophe nach wie vor für einen Mythos. Betrachtet man verschiedene Gemeinsamkeiten zwischen Kulturen auf verschiedenen Kontinenten, die damals noch keinen Kontakt hatten, so stößt man auf einige Ungereimtheiten, die sehr wohl darauf hinweisen, dass es einen Kontinente übergreifenden Informationsaustausch gegeben haben muss, der durch prähistorische Reisende erfolgt sein muss. Wie wäre ein weißer Mann mit Bart als südamerikanische Gottheit verehrt worden? Warum haben die gigantischen Monolithköpfe der Olmeken afrikanische Gesichter? Warum bauten alle Kulturen, von Amerika bis China Pyramiden und mumifizierten ihre Toten? Und wie konnte man Spuren von Kokain in ägyptischen Mumien finden, wenn Kokain damals nur in Amerika beheimatet war, einem Kontinent, der damals noch nicht einmal entdeckt war? Es muss in grauer Vorzeit einen größeren, weltumspannenden Plan gegeben haben. Es muss eine oder mehrere Kulturen gegeben haben, die in der Lage waren, von Kontinent zu Kontinent zu reisen und ihr Wissen zu vermitteln. Mythologische Hinweise darauf gibt es reichlich, nur die archäologischen Beweise fehlen, zumal man die unmöglichen antiken Artefakte und Bauwerke nicht als Beweis gelten oder gar verschwinden lässt.

Die Theorie der Erdkrustenverschiebung vor 12000 Jahren, die Charles Hapgood beschreibt und an der auch Albert Einstein sehr interessiert war, würde eine globale Katastrophe erklären, und alle weltweiten Berichte über Flutkatastrophen plausibel machen. Nachweislich hat sich der Nordpol schon zweimal verlagert, man fand Überreste von Tieren in Klimazonen, in denen sie nicht beheimatet waren, wie bereits im Buch erwähnt wurde. Eine solche Katastrophe könnte auch die Mythen über versunkene Kontinente in ein realistisches Licht stellen. Atlantis und Lemuria, die Kontinente, die den Überlieferungen zufolge hoch entwickelte Kulturen beheimateten, waren von heut auf morgen einfach versunken. Ebenso die Theorie, dass vor 12000 Jahren in Nordamerika ein gewaltiger Meteorit eine globale Katastrophe auslöste, hätte sicherlich Tsunamis und Zerstörungen unvorstellbaren Ausmaßes zur Folge gehabt. Vielleicht wird man in näherer Zukunft klären können, welche Katastrophe das Weltbild veränderte, fest steht jedoch, dass es eine gegeben hat. Überlieferungen aus aller Welt können nicht simultan, ohne jeglichen Kontakt im fast gleichen Wortlaut erfunden werden. In Eisbohrkernen Grönland fand man erhöhte Ablagerungen von vulkanischen Ablagerungen vor 12000 Jahren, die Temperaturen stiegen um 5 Grad pro Jahr an, die Meeresspiegel stiegen bis zu 1500m, Eisdecken von bis zu 1600m schmolzen ab und man fand Walskelette in Michigan. Was mit Inseln geschieht, wenn die Meeresspiegel um mehrere hundert Meter ansteigen, kann man sich ohne wissenschaftliche Kompetenz vorstellen. Sie verschwinden einfach im riesigen Ozean. Dass die Meeresspiegel anstiegen, ist wohl ohne Zweifel schon wissenschaftlich zementiert, aber was ist dann so seltsam daran, dass dadurch eine Insel überflutet wird? Und wenn eine überflutet wurde, warum dann nicht auch mehrere? Das ist doch die logische Begleiterscheinung von Meeresspiegelanstiegen, dass Inseln und Küstengebiete vom Meer eingenommen werden. Alles andere wäre physikalischer Nonsens. Dass das Szenario einer weltweiten Überflutung von unserem Weltbild ferngehalten wird, entspricht der allgemeinen Haltung der Mainstreamwissenschaft, die mit Kataklysmen in der Vergangenheit nichts zu tun haben will, schon gar nicht mit einem menschlichen Massensterben. Entgegen dieser „Vogel-Strauß-Taktik" ist eher anzunehmen, dass sich Flutkatastrophen sogar mehrmals zugetragen haben. Es gibt ja bereits Beweise, dass durch den Bruch eines natürlichen Dammes am Bosporus das Marmarameer ins Schwarze Meer stürzte und weite Landstriche überflutete. Man nimmt dieses Ereignis als Beweis für die Sintflut an. Jedoch passierte dies vor etwa 7500 Jahren und geschah nur örtlich. Sintflutlegenden findet man aber über den gesamten Globus verteilt, auch in Regionen, die davon nichts mitbekommen haben.

Im Gilgamesch-Epos, welches in der Zeit um ca. 2000 v.u.Z. eingeordnet wird, weist „Ja", der Gott der Sturmfluten Utnapischtim an, ein Boot zu bauen, alle Tiere darin zu versammeln und sendet anschließend eine verheerende Flut. Nach der Flut lässt Utnapischtim eine Taube fliegen, die später wieder zurückkehrt. Dass diese Erzählung in die biblische Genesis Einzug fand, ist kaum zu übersehen. In einer Stelle des ägyptischen Totenbuches aus einem Papyrus in Memphis sagt „Tum", eine Erscheinungsform des Gottes Re:"*Ich werde alles was ich getan habe wieder vernichten. Diese Erde soll Wasser werden, ein Ozean durch Überschwemmung, wie sie am Anfang der Dinge war.*" Die Herero, ein ehemaliges westafrikanisches Hirtenvolk erzählen davon, dass die „Großen des Himmels" den Himmel auf die Erde stürzen ließen, wobei fast alle Menschen umkamen. Es ist anzunehmen, dass der „Fall des Himmels auf die Erde" ein sinnbildlicher Ausdruck für das Herabfallen des Regens ist. Weiters existieren in Afrika mündliche Überlieferungen von Flutkatastrophen bei den Kwaya, Mbuti, Massai, Mandin und Yoruba Völkern. Die Choctaw, ein Indianervolk das in der Gegend der heutigen Bundesstaaten Mississippi und Alabama lebte, erzählen davon, dass es eine lange Dunkelheit gab, und die Medizinmänner auf der Suche nach dem Tageslicht waren. Endlich sahen sie ein Licht im Norden und waren hoch erfreut, bis sich herausstellte, dass es eine gewaltige Wasserwand war, die alles vernichtete, bis auf ein paar wenige Familien, die überlebten. In den Legenden der Cree, die zwischen den Rocky Mountains und dem Atlantik lebten, zog der Schwindler Wisagatcak die Rache des großen Bibers auf sich, der in der

Folge durch einen Zauber die ganze Welt überflutete. Wisagatcak baute daraufhin ein Schiff, und nahm viele Tiere mit an Bord. Der Stamm der Ojibwe aus Kanada berichtet, dass die Menschen den Respekt voreinander verloren und der Schöpfer daraufhin eine große Flut entsandte, die alle vernichtete. Nur ein Mann namens Waynaboozhoo überlebte, der ein Schiff für sich und viele Tiere baute. Auch die Hopi-Indianer erzählen in ihren Legenden, dass die „dritte Welt" durch eine große Flut zerstört wurde, die Überlebenden ruderten auf Booten aus Schilf in Richtung Osten, wo sie sich von Insel zu Insel bis in die vierte Welt vorarbeiteten.

Weiter südlich in Mesoamerika wurden Flutlegenden schriftlich, beispielsweise im Popol Vu der Maja, als auch mündlich überliefert. Hier wird einerseits erzählt, dass es keine Überlebenden nach der Flut gab und die Schöpfung neu beginnen musste, während andere behaupten, dass die nachfolgende Menschheit von einigen wenigen Überlebenden abstammen. Die südamerikanische Inka-Legende Unu-Pachakuti berichtet davon, dass Kon Tiki Viracocha, das höchste Schöpferwesen, der Darstellung zufolge ein bärtiger Weißer, zuerst Riesen schuf und diese wieder durch eine Flut vernichtete. Danach schuf er kleinere Menschen aus kleinen Steinen. Virachocha selbst kam ursprünglich auch in einer Zeit des großen Chaos und der Verwüstung von jenseits des großen Wassers um der Menschheit Veränderung zu bringen. In der Prä-Inka-Kultur der Tiahuanaco-Indianer gab es nur zwei Überlebende, einen Mann und eine Frau, die in einer Holzkiste zum Titicacasee ruderten. In China begann der Überlieferung nach, zur Zeit Kaiser Yaos (2353–2234 v.u.Z.) die große Flut. Im Shi Ji, dem chinesischen Buch der Geschichte wird Kaiser Yao zitiert: *„Wie endlos kochendes Wasser strömt die Flut Zerstörung hervor. Grenzenlos und überwältigend überragt es Hügel und Berge. Steigend und immer steigend, bedroht es den Himmel. Wie müssen die Menschen stöhnen und leiden!"*

Nicht nur in Amerika, Afrika und China, auch in Australien, Neu-Guinea, Europa und Indien findet man ähnliche Berichte über eine Flut, die fast die gesamte Menschheit ausrottete. Nachdem die Berichte in verschiedene Zeitepochen eingereiht werden, kann man durchaus annehmen, dass es nicht nur eine, sondern mehrere Flutkatastrophen gab, möglicherweise auch Überflutungen, die in periodischen Abständen auftraten. Und dass sehr wohl Kulturen im Meer versanken, beweisen die Funde der Unterwasser-Ruinen von Yonaguni in Japan oder Dwarka im Golf von Cambay. Was soll dann an den Mythen von Atlantis oder Lemurien so verwerflich sein, dass sie von der Wissenschaft als Märchen belächelt werden? Dass Inseln und ganze Dörfer und Städte überflutet wurden ist nun mal Tatsache, und mit ihnen sind als logische Konsequenz die Kulturen versunken, von denen sie bewohnt wurden. Sowohl von Atlantis als auch von Mu und Lemurien wird berichtet, dass sie bereits vor tausenden von Jahren hohe Zivilisationen hervor brachten, die letztendlich im Meer versanken. Über die Regionen dieser ehemaligen Kontinente gibt es verschiedene Theorien, die allesamt mit konkreten Hinweisen und teilweise auch Funden belegt sind. Durch Geologische Aktivitäten können Inseln auftauchen und auch wieder verschwinden. So erhob sich die Insel Surtsey vor der Südwestküste Islands durch vulkanische Tätigkeiten 168 Meter aus den Tiefen des Atlantiks. Zwei Jahrhunderte zuvor entdeckten Seefahrer eine Insel, die in keiner Karte verzeichnet war und nannten sie nach ihrem Schiff „Sabrina". Einige Monate später waren sie im Begriff, Siedler zu der Insel zu bringen, jedoch war diese wieder verschwunden. 1447 entdeckte der Seefahrer Alonso Leone in den Azoren eine Insel und nannte sie Asmaida, die später von Portugiesen besiedelt wurde. 1545 mussten sie fluchtartig die Insel wieder verlassen, da ein Vulkanausbruch die Insel wieder versinken ließ. Übrig blieb ein kleiner Überrest, der als Barenetha-Felsen bekannt ist. 1957 schrieb Stanley Rogers ein Buch darüber mit dem Titel „A true mystery-drama of the mid atlantic". Zwischen Grönland und Island wurde 1783 die Insel Nyey entdeckt, sie verschwand im Jahre 1830.

Durch die labile tektonische Beschaffenheit des Atlantikbodens halten Atlantis Forscher auch das Versinken einer großen Landmasse vor langer Zeit für durchaus möglich. Unter Geologen gibt es verschiedene Meinungen, die von „absolut unmöglich" bis „durchaus denkbar" reichen. Warum sich die Mainstream-Wissenschaft derart davor sträubt ist schleierhaft, das Versinken einer Insel ist in heutiger Zeit kein Mysterium, warum dann in vorgeschichtlicher Zeit? Die Legenden von Atlantis, Mu und Lemurien sind fast auf der ganzen Welt präsent. Ob Mu und Lemurien verschiedene Kontinente oder nur zwei Namen für ein und denselben war, ist genauso umstritten wie die ehemalige Lage von Atlantis, die Platon „hinter den Säulen des Herakles" also der Straße von Gibraltar ansiedelt, Forscher jedoch in vielen verschiedenen Teilen der Welt Spuren von Atlantis vermuten. Möglicherweise waren es drei Landmassen, die irgendwann samt ihren Kulturen versanken. Das Zusammenspiel von tektonischen und vulkanischen Ereignissen, Tsunamis oder Meteoriteneinschlägen sowie der Anstieg der Meeresspiegel nach der letzten Eiszeit ergibt genügend Katastrophenpotential im Laufe der Geschichte, um ganze Zivilisationen zu vernichten. In tausenden, oder sogar zig-tausenden Jahren könnten durchaus mehrere Zivilisationen Katastrophen zum Opfer gefallen sein, von denen nur einige Überlebende den wahren Kern der zahlreichen Mythen und Legenden geliefert haben.

Auf winzigen Inseln mitten im Nirgendwo befinden sich Megalithbauten, die bereits einige Jahrtausende alt sind. Nachdem man aber der Menschheit die Seefahrt erst ab der Bronzezeit zumutet, stellt sich die Frage, wie die Menschen damals diese Inseln erreicht haben. Die Osterinsel, 4000 km vom Festland entfernt, oder Pohnpai, eine Insel in Mikronesien, wo sich im Umkreis von mehr als 1000km nichts befindet außer dem Pazifik, wurden vor tausenden von Jahren besiedelt. Wie konnten die Menschen damals diese Inseln überhaupt finden, zumal diese auf modernen Landkarten kaum auszumachen sind? Warum haben Menschen sich in dieser abgelegenen Einschicht, die kaum Ressourcen bietet, angesiedelt? Und wie kamen sie dort hin?

17.1 Nan Madol

Ein Mysterium für sich ist Nan Madol, das „Venedig der Südsee", das der Insel Pohnpaj, einer Karolineninsel im Pazifik, vorgelagert ist. Fast 1600km von Neuguinea und 3700km südlich von Japan liegt eine der faszinierendsten und zugleich rätselhaftesten antiken Stätten der Welt, eine Lagunenstadt, die auf über 90 künstlich angelegten Inseln erbaut wurde. Errichtet wurde die Stadt aus über 250 Millionen Tonnen Basaltsäulen, die grob in Form gehauen und ohne Mörtel, wie bei einem Blockhaus, übereinander geschichtet wurden. Zwischen vier und fünf Millionen Basaltsäulen wurden dafür verwendet. Wer diese eindrucksvolle Stadt baute, wann und warum, ist bis heute ein Rätsel, auf das die Wissenschaft keine Antworten hat. Es war auch genügend fester Boden auf der Insel Pohnpej zur Verfügung, warum errichtete man künstliche Inseln? Manche Mauern sind bis zu 4m dick und 8m hoch. Auch ein bewusst platzierter Monolith von über 60 Tonnen wurde in der Stadt gefunden. Man fand weiters unterirdische Höhlen und Gänge, die die künstlichen Inseln miteinander verbinden. Man schätzt, dass zur Errichtung dieser Stadt 20.000 bis 50.000 Arbeiter nötig gewesen wären. Unterwasserarchäologen fanden unter der Stadt, einige Meter unter Wasser, Hinweise auf eine ältere Stadt, die aufgrund der steigenden Meeresspiegel den Fluten zum Opfer fiel. Auch fand man Hinweise, dass während des Anstieges der Meeresspiegel die Bauarbeiten sich kontinuierlich in höhere Regionen der Insel verlagerten. Merkwürdig an dieser Stadt ist, dass man hier keine Artefakte oder Strukturen fand, die man sonst bei antiken

Städten gewohnt ist. Man fand weder Werkzeuge noch Waffen, keine Vorratsspeicher, Tempel oder Marktplätze, keine Malereien oder Petroglyphen, keine Fenster, Straßen oder Kunstgegenstände und auch keinen Friedhof. Es macht den Anschein, dass Nan Madol keine Stadt war, die in üblicher Weise bewohnt war. Die Bewohner der umliegenden Inseln von Pohnpej wissen nichts über die Stadt zu berichten, hegen auch keinen Anspruch auf dieses kulturelle Erbe. Ganz im Gegenteil. Die Insulaner meiden diesen Ort, und auch in der heutigen Zeit gibt es nur wenige Reiseführer, die ihren Fuß in die Stadt setzen, jedoch niemals nach Einbruch der Dunkelheit. Die umliegenden Bewohner haben absolut keine Kenntnis vom Bau mit Basaltsäulen und haben auch keine Ahnung, wer diese Stadt erbaut haben soll. Es gibt nur eine alte Legende, die schildert, dass aus einem Land weit im Süden 17 Männer und Frauen kamen und Pohnpej erschufen, indem sie Steine auf dem Korallenriff aufeinanderstapelten. Darauf kamen Einwanderer, die sich mit den Einheimischen vermischten. Später kamen die Zwillingsbrüder Olisihpa und Olsohpa auf einem großen Kanu aus dem Westen, aus einem Land Namens Katu Peidi, auch als Kanamwayso bekannt, das Legenden zufolge herabfallenden Sternen und Feuer zum Opfer fiel. Olisihpa und Olsohpa waren weise Männer, Zauberer mit überragenden Fähigkeiten, die an verschiedensten Orten von Pohnpej Siedlungen zu errichten versuchten. Tatsächlich gibt es auf der Insel Funde misslungener Siedlungsgründungen. Schließlich bauten sie Nan Madol mit Hilfe eines fliegenden Drachens. Sie ließen die Steine durch die Luft fliegen und schichteten sie aufeinander, so erbauten sie die Stadt. Nach dem Tod von Olisihpa regierte Olsohpa als erster Saudeleur die Stadt. Zwölf Generationen von Saudeleurs sollen nachgefolgt sein, bis Isokelekel, ein Kriegsherr aus dem Süden die Insel eroberte und seine Dynastie, die Nanmwarki bis in die Neuzeit regierte. 1928 fanden japanische Archäologen neben ein paar menschlichen Knochen einen Wurfspeer von 3,65m Länge. Durch die Knochenfunde konnte man feststellen, dass die alten Inselbewohner wesentlich größer und kräftiger waren als die heutigen Insulaner, auch der Wurfspeer war eineinhalb Meter Länger als die, die üblicherweise von den Insulanern benutzt werden. Die Nachfahren von Olisihpa und Olsohpa müssen also sehr groß gewesen sein.

Pohnpej hat in der heutigen Zeit 36.000 Einwohner. Trotz heutiger Technik und wirtschaftlicher Möglichkeiten kann die Insel kaum mehr Einwohner ernähren. Wie konnten in der Erbauungsphase von Nan Madol 50.000 Arbeiter am Bau teilgenommen haben? Auf der ganzen Insel haben nicht so viele Menschen gewohnt. Auch hätte die Insel niemals so viele Menschen ernähren können. Jedoch gibt es Hinweise auf eine enge Verbindung zu den riesigen Reisterrassen von Banaue auf den Philippinen, die jedoch immerhin über 4000 Kilometer entfernt ist. Dazu später in diesem Kapitel. Weiters ist bis heute ein Rätsel, woher die vielen Basaltsäulen stammen, da in der gesamten umliegenden Inselregion nicht so viel vulkanische Aktivität herrscht, um Millionen Tonnen von Basalt abzubauen. Woher also kam der Basalt? Ein weiteres Fragezeichen ist auch der Transport der Basaltsäulen. Auf den damaligen Booten hätte man höchstens einige hundert Kilogramm transportieren können, aber ein Superfrachtschiff, das tonnenweise Steine hätte transportieren können, übersteigt die Fähigkeiten der damaligen Inselbewohner bei weitem. Hat man den Basalt aus unmittelbar erreichbaren Regionen abgebaut, so müssen diese Regionen über die Zeit verschwunden sein, was die Legenden bestärkt, dass in diesem Teil des Pazifiks einst ein großer Kontinent namens „Mu" existiert haben soll, der versunken ist.

Auf Pohnpej werden Yams und Maniok angebaut, Pflanzen, die ursprünglich aus Südamerika stammen. Der Forscher Thor Heyerdahl vermutete daher, dass einst eine kulturelle Verbindung zu Bolivien und Peru bestand. Man fand in den

1970ern einige Tonscherben, die über 2000 Jahre alt waren. Europäische Seefahrer, die im 19. Jahrhundert auf der Insel landeten berichteten jedoch, dass die Töpferei unter den Insulanern völlig unbekannt war. Die Insel muss demnach von einem Volk besiedelt gewesen sein, dass von ganz woanders her kam und eine völlig andere Kultur hatte, als die Eingeborenen. Die Altersdatierungen sind sehr ungenau und wenig aufschlussreich, eine hilfreichere Altersbestimmung ist der Anstieg der Meeresspiegel. Die Mauern der Insel befinden sich 30cm unter dem Wasserspiegel, was bedeutet, dass sie zur Zeit der Errichtung über dem Meeresspiegel gelegen haben müssen. Unterwasserforscher fanden südlich der Insel Ruinen, die sich bis zu 30m unter Wasser befinden, was der Legende der Insulaner über eine versunkene Stadt bei Nakapw neue Glaubwürdigkeit verleiht. So tief war der Meeresspiegel seit dem Ende der letzten Eiszeit vor etwa 12000 nie wieder. Der Schluss liegt daher nahe, dass Nan Madol spätestens zu dieser Zeit erbaut wurde. Der Forscher David Childress fand eine Gemeinsamkeit Nan Madols mit den Unterwasserruinen von Yonaguni in Japan. Zwar liegen an die 2000km Pazifik dazwischen, trotzdem fand man sowohl in Nan Madol, als auch auf einer Felsplattform in Yonaguni identische Petroglyphen in Form von Kreuzen und Quadraten. Die Einheimischen von Pohnpej berichten von gespenstischen roten

Lichterscheinungen, die manchmal in der Stadt zu sehen sind. In chinesischen Überlieferungen wird ein versunkenes Königreich erwähnt, P'eng Lai, das unterhalb einer Stadt weit im östlichen Meer liegen soll. Unmittelbar über P'eng Lai soll man manchmal ein hellrotes Licht gesehen haben. Diese Überlieferung lässt an Nan Madol denken, und dass die chinesische Überlieferung P'eng Lai mit Pohnpej identifiziert. Das große indische Epos Ramayana aus dem vierten vorchristlichen Jahrhundert schreibt über eine Insel, die von Burma eine Mondreise entfernt in Richtung der aufgehenden Sonne liegt, und die als „Mutterland" bezeichnet wird. Von dort aus kamen die ersten Siedler nach Burma und Indien. In einer japanischen Legende wird das Köigreich Horaisan im östlichen Meer erwähnt, über dem manchmal eine leuchtende rote Masse geschwebt sein soll. Diese Leuchterscheinungen sind als „Andenlicht" bekannt und sollen durch ein Zusammenspiel von Magnetfeldern und seismischem Druck entstehen. Da Nan Madol aus Millionen Tonnen von magnetisiertem Basalt besteht, hält man dies für eine mögliche Theorie um diese Lichtphänomene zu erklären.

Aber nicht nur Legenden aus dem umliegenden Festland, auch Überbleibsel in Ortsnamen weisen auf einen ehemaligen versunkenen Kontinent namens „Mu", dem Ursprung menschlicher Zivilisation hin. Vor den Reisterrassen von Banaue auf den Philippinen erhebt sich ein Berg namens A-mu-Yao. Auf diesem Berg sollen die Vorfahren der Einheimischen in einem Kanu gelandet sein, nachdem sie der großen Flut entkommen sind. Weiter im Nordosten liegt die Stadt Gamu und weiter nördlich die Stadt A-mu-Lung. Die Beziehung zwischen Pohnpej und den Philippinen bestätigt auch der Name der Stadt Patapat an der Südostküste von Pohnpej. Dieser Name taucht auch auf den Philppinen wieder auf und ist darüber hinaus die Bezeichnung für einen heiligen Hügel nördlich von Luzon. Interessanterweise findet sich die Silbe „mu" nirgends anders auf den Philippinen, als im Umfeld der gewaltigen Reisterrassen von Banaue. Gegenüber von Patapat liegt die Stadt Kalongavar, die nach einem der Saudeleurs benannt wurde. Kalongavar ist offensichtlich eine Variante von Kalongalong auf den Philippinen. Tanataman ist die Bezeichnung für einen Hügel auf Pohnpej und für einen Wald in Malaysia. Die Insel, auf der sich Nan Madol befindet hieß ursprünglich Te-mue-en. 700km entfernt auf den Hall Islands findet man den Namen Mu-Riio, an der Nordwestseite von Kosrae, ebenfalls einer Karolineninsel, liegt eine kleine Insel mit dem Namen Mu-taniel. Es gibt noch viele weitere Namensgebungen, die auf den ehemaligen Kontinent Mu hinweisen, aber abgesehen von den Namensgebungen finden sich auch noch andere Hinweise, die auf einen gemeinsamen Ursprung der Kulturen namens „Mu" im und rund um den Pazifik hinweisen.

17.2 Mohenjo Daro

Im Indus Tal fand man die Ruinenstadt Mohenjo Daro, errichtet in Ziegelbauweise, wie sie erst im Europa der Neuzeit angewandt wurde. Die Stadt, die man in das 3. Jahrtausend v.u.Z. datiert, wurde von etwa 100.000 Menschen bewohnt und besaß eine geplante, moderne Struktur, die im Altertum sonst nirgends zu finden ist. Wasser- und Abwasserleitungen, Häuser mit getrennten Zimmern, gepflasterte Straßen sowie ein effektiver Hochwasserschutz gegen die Launen des Hindus bescheinigen der Stadt einen Entwicklungsstatus, der seiner Zeit weit voraus war. Die Schriftsprache der Induskultur ist eine Schrift, die nicht aus Buchstaben oder Silben, sondern vermutlich aus ganzen Wörtern besteht. Seit 1900 v.u.Z. verschwand diese jedoch, man fand ab dieser Zeit keine Spur mehr davon. Bis heute ist es auch niemandem gelungen, diese Schrift zu entschlüsseln. Der Pariser Sprachforscher Guillaume de Hevesy stellte 1932 fest, dass es eine Verbindung zwischen der Indusschrift und der Rongorongo-Schrift der Osterinsel gibt. Von 745 Glyphen entdeckte er 174 identische, oder fast identische Schriftzeichen dieser beiden Kulturen.

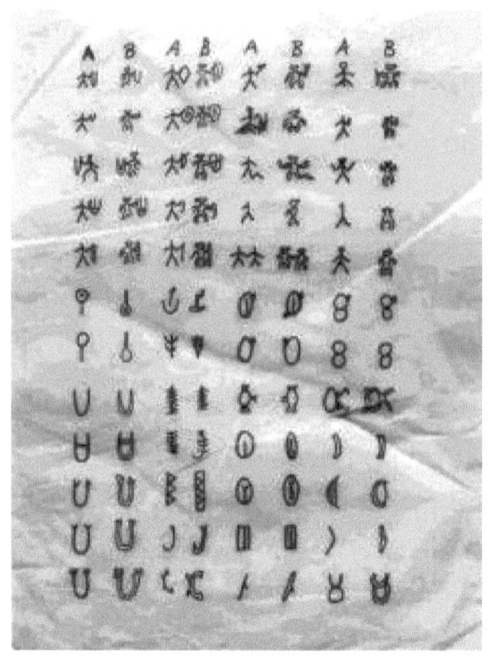

37 A-Mohenjo Daro B- Rongorongo

Immerhin über eine Distanz von über 19.000 Kilometern bestand hier offensichtlich eine kulturelle Verbindung beziehungsweise ein gemeinsamer kultureller Ursprung. Ein weiterer Linguist, Erich von Hornbostel fand zwei Jahre vor Hevesy eine verblüffende Ähnlichkeit der Kekinowin-Schrift der Kuna-Indianer in Panama mit der Rongorongo Schrift der Osterinsel heraus. Auch diese wurde mit ähnlichen Symbolen wie Rongorongo auf Holztafeln geschrieben. Es muss demnach auch einen Zusammenhang der Osterinseln mit

Südamerika gegeben haben. Es stellt sich hier die Frage, wie oder warum sich auf Rapa Nui (=Osterinsel) eine Schriftsprache entwickelt haben soll. Die gesamte Insel ist zu Fuß innerhalb eines Tages zu überqueren, Informationen können innerhalb kürzester Zeit mündlich überbracht werden. Schriftsymbole entwickelten sich aus dem Bedarf heraus, dass Herrscher in größeren Reichen Informationen an seine Truppen oder Gefolgsleute weitergaben, sowie zur wirtschaftlichen und infrastrukturellen Organisation des Reiches. In Kulturen, wo Menschen in kleineren Verbänden zusammenlebten, entwickelte sich keine Schriftsprache, da sie nicht notwendig war. Bewahrten die Bewohner von Rapa Nui die Schrift nur als Andenken an eine alte, vorangegangene Kultur?

17.3 Rapa Nui

Die Osterinsel ist ja allseits für ihre riesigen Steinfiguren bekannt, die Moai. Man hat inzwischen an die 1000 Moai gefunden. In frühgeschichtlicher Zeit, so nehmen Archäologen an, wurde die Insel von etwa 6000 Menschen bewohnt. Sollten die Moai innerhalb einer Generation errichtet worden sein, so kam ein Moai auf 6 Einwohner, und die gleichartige Bauweise der Moai lässt darauf schließen, dass alle innerhalb kurzer Zeit geschaffen wurden. Das sind definitiv zu viele Moai, wenn man bedenkt, dass sie durchschnittlich vierzehn Tonnen wiegen. Ein unvollendeter Moai liegt noch im Steinbruch und hätte 200 Tonnen gewogen. Wie auch in Nan Madol gibt es hier ein gewaltiges Ressourcenproblem. Der Verdacht drängt sich auf, dass auch hier andere Kräfte im Spiel waren um all diese tonnenschweren Kolosse zu behauen, über Strecken von über 20 Kilometer über unwegsames Gelände zu transportieren und aufzustellen. Forscher sind bis heute nicht in der Lage zu demonstrieren, wie die steinernen Statuen an ihren Platz gelangten, da sie die Sachlage mit den heute zur Verfügung stehenden Mitteln der Insulaner betrachten. In Erzählungen der Einheimischen wird berichtet, dass die Priester der Hanu-eepe mit Hilfe von „Mana" eine Kraft beschworen, die die Statuen an ihren Platz schweben ließ. Dies erinnert stark an die Erzählungen aus Nan Madol, wo Überlieferungen berichten, dass die Basaltsäulen durch die Luft an ihren Ort schwebten. Die unliebsame Theorie, die nicht in die heutige Welt passt, wird von Wissenschaftlern verweigert, und man versucht in Wirklichkeit noch haarsträubendere Theorien aufzustellen, die den Erbauern selbst Superkräfte zuzuschreiben, die noch mehr an Zauberei grenzen als schwebende Steine, von denen unter anderem auch in Ägypten berichtet wird. Man wehrt sich vehement dagegen, den Gedanken an eine alte versunkene

Zivilisation zuzulassen, die technisch weiter entwickelt war, als unsere heutige.

Der rote Faden kultureller Verbindungen zieht sich nun von Südamerika bis zu den Philippinen, über eine Entfernung von über 17.000 Kilometer. Die Osterinsel scheint viele Kulturen in sich zu vereinen. So ist die zentrale kulturelle Figur der Osterinsel der „Vogelmann". Den Vogelmenschenkult kennt man auch aus der Lambayeque-Kultur in Südamerika. Mutige Männer aus Rapa Nui schwammen jedes Jahr einmal zur Insel Moto Nui um ein Ei der Ruß-Seeschwalbe zu ergattern. Derjenige, der als Erster das Ei unbeschädigt nach Rapa Nui brachte, war für dieses Jahr der „Auserwählte der Götter". In Orongo findet man zahlreiche Motive, die eng mit dem Kult um den Vogelmann verbunden sind. Im Dorf Ahu Vinapu stehen Zyklopenmauern, die man eigentlich nur aus alten Steinbauten in Peru und Bolivien gewöhnt ist. Riesige Megalithen bilden Mauern mit höchster Präzision, vergleichbar oder besser gesagt, fast identisch mit denen in Cusco (Siehe Bild 28 Sacsayhuaman Mauer18). Hier müssen zweifelsohne dieselben Baumeister am Werk gewesen sein. Auch das Sonnentor der Ruinenstadt Tiahuanaco, etwa 70km von der Bolivianischen Hauptstadt La Paz entfernt, weist mit seiner zentralen Götterfigur Parallelen zu Darstellungen des Sonnengottes der

Osterinsel auf. Wenn das alles Zufälle sind, so sind es definitiv zu viele. Es muss zwischen Südamerika und Asien eine überwindbare Verbindung gegeben haben, wie hätten sich sonst die Informationen zehntausende Kilometer über den Pazifik verbreiten können? Und wie wären alle alten Kulturen auf diese ähnlichen, wenn nicht sogar teilweise identischen Mythen über den Ursprung ihrer Zivilisation gekommen? „Überlebende einer großen Flut kamen über den Ozean und gründeten unser Volk." Wie erklärt man sich die identischen Megalith-Bauten und Pyramiden, die man über die ganze Welt verstreut vorfindet? Die Antwort muss im Meer liegen, sonst hätten Archäologen irgendwann in einer Sedimentschicht Spuren gefunden.

18.   Vorsintflutliche Technik

Es wurden ja Spuren gefunden wie der London Hammer, die Metallkugeln aus Klerksdorp, der Magna Brunnen aus Bolivien, die Dropa Steine, die Steinkugeln von Costa Rica, die Quimbaya Artefakte, das Schiff von Toprakale, die mikroskopischen Objekte von Narada, der Antikythera-Mechanismus und viele, viele andere, die irgendwo in Museen liegen, jedoch der seriösen Wissenschaft als Beweis früherer hochtechnisierter Zivilisationen nicht ausreichen. Allein die angeblich etwa 2500 Jahre alten Quimbaya Artefakte aus Kolumbien sollten als Beweis ausreichen. Goldene Fliegermodelle, die von der Schulwissenschaft auf seltsamste Weise interpretiert werden. Manche schreiben sie einem Insektenkult zu, Wikipedia schreibt von fliegenden Haien. Seltsamerweise übersehen die sonst so studierten Historiker, dass es sich dabei um nichts anderes als ein Flugzeug handelt. Was ist seltsamer, ein fliegender Hai mit Deltaflügeln, ein Insekt mit Seitenruder oder ein Flugzeug? Es wäre sogar in der Antike wahrscheinlicher gewesen, ein Flugzeug, als einen fliegenden Hai zu sehen. Mittlerweilen gibt es Modellfliegervereine, die diese Flugzeugmodelle aus Bogota nachbauen und fliegen lassen, denn sie sind in der Tat flugtauglich. Dass jedoch ein Volk aus Bauern, Fischern, Jägern und Kriegern, wie es die Quimbaya waren, die die abgetrennten Köpfe ihrer Feinde aufgespießt zur Schau stellten und denen man Kannibalismus nachgewiesen hat, flugfähige Flugzeugmodelle entwickeln konnte, sollte von klar denkenden Menschen hinterfragt werden. Es ist wohl wahrscheinlicher, dass diese viel älter sind und von einer technisch hoch entwickelten Kultur stammen.

38 Fliegender Hai oder Insekt mit Seitenruder?

Einen weiteren Beweis für antike Hochtechnologie liefert die „Bagdad-Batterie". 1936 fand man bei Ausgrabungen nahe Bagdad ein etwa 14cm hohes vasenförmiges Tongefäß, das einen Kupferzylinder und ein durch eine bitumenähnliche Masse isoliertes, stark oxydiertes Eisenstäbchen enthielt. 1960 fertigte John B. Pierezynski an der Universität von North Carolina eine Nachbildung dieses Artefakts an und füllte es mit Essigsäure. Das Resultat: 1,5 Volt über einen Zeitraum von 18 Tagen. 1978 fertigte der damalige Direktor des Museums in Hildesheim anlässlich einer Ausstellung, ebenfalls eine Nachbildung dieses Gegenstandes an. Statt Essigsäure verwendete er frisch gepressten Traubensaft und erhielt eine Spannung von 0.5 Volt. Man vermutet, dass die Parther, ein antikes Volk im heutigen Irak, eine bessere Salzlösung dafür verwendeten, das Ergebnis wäre eine höhere Spannung. Man weiß, dass man in der Antike Metalle vergoldete. Dies geschieht in der Regel mit elektrischen Strom. Nun rätselt die Schulwissenschaft, wie man damals vergoldete, wenn es noch keinen Strom gab. Die Bagdad Batterie ist in den Augen der Wissenschaft kein Gerät zur Stromerzeugung, denn Strom kannte man damals ja nicht, sondern schlicht und einfach ein Kultgegenstand. Darum weiß die Menschheit noch immer nicht, wozu die Bagdad-Batterie gut war, und es ist noch immer ein Rätsel, wie man damals Metall vergoldete. Diese Situation ist ein klassisches Paradebeispiel, wie die Wissenschaft Funde ignoriert, mit Hilfe derer viele andere Rätsel aufgeklärt werden könnten. Eigentlich muss man nur eins und eins zusammenzählen, aber das scheint für viele Wissenschaftler zu hoch zu sein. Man findet nirgendwo in dunklen ägyptischen Pyramiden und Gräbern Rußspuren an der Decke, dafür gibt es ein riesiges Relief in Dandera, das an eine Glühbirne erinnert. Das kann aber keine Glühbirne sein, denn Strom kannte man in der Antike nicht. Es ist weiterhin ein Rätsel, welchem Ritual dieser glühbirnenartige Kultgegenstand diente. Vielleicht dem Lichtritual? Nur zwei winzige Funde geben bereits Hinweise auf eine vergangene Kultur, die auf einem technischen Niveau von Elektrizität und Düsenjets war, also vergleichsweise Mitte zwanzigstes Jahrhundert. Zur gleichen Zeit kam die Atombombe und danach flog man ins Weltall. Was lächerliche 50 Jahre später folgte, sieht man heute. Innerhalb von 100 Jahren erfolgte die Entwicklung vom ersten Flugzeug über die Mondlandung bis zur Erkundung des Mars. Und hundert Jahre sind in der antiken Geschichte nicht mehr als ein Rundungsfaktor, und so ist es auch nicht weiter verwunderlich, dass in alten Schriften über Geschehnisse berichtet wird, die an Atomexplosionen erinnern. „....*Elefanten waren angebrannt und rannten brüllend hin und her, tausende Wagen verbrannten. Dann senkte sich Stille über die Erde. Es bot sich ein schauerlicher Anblick. Niemals zuvor haben wir eine grauenvollere Waffe gesehen. Sogar die ungeborenen Kinder im Mutterleib starben.*" So wird in einem Sanskrit-Text aus dem alten Indien berichtet. Auch soll es laut dem achten Buch des Indischen Mahabharata, dem größten Epos der Geschichte mit 106.000 Doppelversen, eine Waffe gegeben haben, die wie durch einen Blitz die Angreifer zu Asche zerfallen ließ oder sie bis zur Unkenntlichkeit verbrannte. Den Überlebenden sollen danach die Haare ausgefallen sein. In Mohenjo Daro sollen Skelette mit einer fünfzigmal höheren Strahlenbelastung als normal gefunden worden sein, die Bewohner müssen von einer enormen Katastrophe überrascht worden sein. Auch fand man verglaste Keramik, die aufgrund enorm hoher Temperaturen entstanden ist. Die biblische Stadt Sodom hat man unter einer meterdicken Ascheschicht ausgegraben. Ein Feuer dieses Ausmaßes konnten die damaligen Völker unmöglich erzeugen.

Nur Atomwaffen oder Meteoriten können einen derartigen Schaden anrichten, jedoch fand man weder Krater noch sonstige Hinweise auf einen kosmischen Einschlag. Und wurden die Mauern von Jericho von etwas ähnlichem wie einer Schallkanone zerstört? Der biblischen Geschichte zufolge stürzten die Mauern durch den enormen Schalldruck von Posaunen ein. Ebenso wird in der Bibel berichtet, dass jeder, der die Bundeslade - ein Gerät, das sowohl das rote Meer als auch den Jordan teilte - berührte, sofort tot umfiel. Welche Technik war hier im Spiel? Von Düsenjets bis zu Atomwaffen ist es nur ein kleiner Schritt. Und Düsenjetmodelle hat man ja immerhin gefunden. Wenn sich diese Kultur noch einige hundert Jahre länger gehalten hat, so kann man sich aus unserer eigenen Perspektive ausrechnen, was sich die nächsten hundert Jahre entwickelt hat. Jedenfalls war diese Kultur weiter entwickelt als unsere heutige. Technische Errungenschaften, die in unserer Zeit noch in den Kinderschuhen stecken, scheinen damals bereits Stand der Technik gewesen sein. Erinnern wir uns an die Steinmauern von Sacsayhuaman. Es scheint, als hätte es Spaß gemacht, winzig kleine, zwecklose Abstufungen in den riesigen Stein zu meißeln. Es scheint, als wäre es das einfachste der Welt gewesen. Mit Hammer und Meißel sicher nicht, aber mit einem Gerät, möglicherweise mit etwas wie einem gewaltigen Laser, hätte es wahrscheinlich Spaß gemacht, solche Steinspielereien anzufertigen. In unseren Labors wird eifrig daran gearbeitet, mittels Supraleiter die Gravitation zu überlisten. Auch Magnetschwebebahnen sind bereits Stand der Technik, wir lassen in der Tat bereits Züge schweben. Vielleicht konnte man damals mittels irgendeiner fortschrittlichen Technik Steine schweben lassen. Mit dieser Theorie hätten wir kein Problem mehr, die Errichtung der Zyklopenmauern zu verstehen. Möglicherweise ist unsere Zivilisation in hundert oder zweihundert Jahren ebenfalls dazu in der Lage. Wir wenden auch schon die Quantenmechanik an, obwohl wir sie noch nicht verstehen. So gelang 1997 dem Physiker Anton Zeiliger von der Universität Wien, Informationen von einem Lichtteilchen zu einem anderen, damit verschränkten Lichtteilchen zu senden. Den Zustand des einen Teilchens nimmt das andere Teilchen an, egal wie weit es vom ersten Teilchen entfernt ist. Gibt man dem Teilchen auf der Erde eine bestimmte Eigenschaft, so nimmt das damit verschränkte Teilchen am Saturn oder sonst wo im Universum sofort dieselbe Eigenschaft an. Die Entfernung spielt dabei keine Rolle. Das grenzt an Zauberei, wurde aber wissenschaftlich nachgewiesen. Möglicherweise werden wir dieses und auch weitere Phänomene der Quantenphysik in ein paar Jahrzehnten oder Jahrhunderten verstehen und praktisch nutzen können. Vielleicht konnte man es damals schon, denn wir sind auch nicht mehr weit davon entfernt, und ein paar Jahrhunderte sind gerade einmal ein Augenzwinkern im Lauf der Geschichte.

Nun steht man vor der Problematik, dass viele Errungenschaften und Ereignisse aus alten Zeiten einfach unerklärbar sind. Ohne künstliche Levitation gibt es keine Megalithbauten und keine Pyramiden, ohne Strom keine galvanische Vergoldung, ohne Laserwerkzeug keine exakten Steinbearbeitungen, ohne Atombomben keine Massenvernichtung oder Strahlung, ohne aerodynamische und maschinenbauliche Fähigkeiten keine Flugzeugmodelle, ohne frühgeschichtliche Hochseeschifffahrt keine Kontakte der weit entfernten Zivilisationen, ohne Satellitentechnik oder Fliegerei keine weltumspannende Erdvermessung und Kartierung damals unbekannter Kontinente und Meere. Die Schulwissenschaft ist enorm gefordert, Beweise zu finden, dass alle mysteriösen Dinge Fälschungen und Zufälle sind, oder von Menschen utopischer Anzahl und Fähigkeit geschaffen wurden, also absolut unmögliches als möglich zu erklären, anstatt in Betracht zu ziehen, dass alles schon einmal oder sogar schon öfter da war. Lieber erklärt man der Menschheit, dass damals ein Mensch zwanzig Tonnen getragen und mit Hühnerknochen Granit geritzt hat, denn man weiß, dass die Menschen das glauben, denn sie glauben ja auch an den Mann mit weißem Bart hinter den Wolken.

19. Astronomie

Überreste von alten Kulturen in aller Welt lassen auf ein fundiertes astronomisches Wissen der damaligen Erbauer von Tempeln und Anlagen, deren wirklicher Zweck bislang nur Vermutungen schürt, schließen. Die Bauwerke sind meist auf die Sommer- und Winter-Äquinoktien ausgerichtet, oder haben sonstige Zusammenhänge mit astronomischen Gegebenheiten. Vielfach werden Bauwerke nach Sternbildern ausgerichtet, (Siehe Pyramiden in Gizeh und Teotihuacan, Angkor Wat etc.) oder besitzen eine Art von Kalenderfunktion. Eigentlich ist dies nichts mysteriöses, denn die Beobachtungen des Sonnenlaufes und die Bestimmung der Jahreszeiten waren für Aussaat und Ernte eine wichtige Voraussetzung. Es ist nachvollziehbar, dass eine Kultur, die einige hundert Jahre bestand, durch exakte Beobachtungen und Aufzeichnungen den Ablauf der Jahreszeiten durch die Sonnenstände vorherbestimmen konnte. Es handelt sich immerhin nur um Jahreszyklen. Was jedoch bemerkenswert ist, dass viele Kulturen über den Lauf der Präzession Bescheid wussten, wie in Kapitel 8 bereits angesprochen wurde. Die Präzession ist die Kreiselbewegung der Erdachse, die für einen vollen Umlauf etwa 26.500 Jahre benötigt.

Prä-Astronautik-Anhänger sind sich einig, dass die Menschheit all dieses Wissen von Außerirdischen erhalten hat, die in grauer Vorzeit auf der Erde landeten. Nun könnte man sich auch mit Recht fragen, woher diese Aliens das umfassende Wissen über die Erde hatten. Eher wäre wohl die Möglichkeit in Betracht zu ziehen, dass dieses Wissen einer Zehntausende Jahre langen Weitergabe von Beobachtungen auf der Erde selbst zugrunde liegt. Dabei soll ja die Möglichkeit der Präsenz Außerirdischer in vorsintflutlichen Zeiten nicht ausgeschlossen werden, doch soll dies, wenn man sich nach den Aufzeichnungen der alten Sumerer orientiert, erstmals vor gut 400.000 Jahren abgespielt haben, und später wieder einmal, zu Lebzeiten von Henoch, Hesekiel und Abraham. Möglicherweise werden wir alle paar Tausend Jahre besucht, denn wer weiß schon wirklich, was sich auf der Erde in den Jahrtausenden vor der Sintflut abgespielt hat? Jedenfalls besteht in vielen Kulturen ein direkter Bezug zu Sternen und astronomischen Gegebenheiten, der allein der Beobachtung einzelner Kulturen nicht zugemutet werden kann. So kennen die Maya, Ägypter, Hopi und auch viele andere Kulturen das

Platonische Jahr, einen Zyklus von 26.000 Jahren. So lange bestanden diese Kulturen aber nicht, um einen ganzen Zyklus der Präzession beobachten zu können, sie müssen das Wissen aus externen Quellen bezogen haben, oder, wie wir heute, die Fähigkeit besessen haben, diesen zu berechnen. Die Astronomen bei den Sumerern spielten eine Wichtige Rolle in der Gesellschaft. Sie waren als Gelehrte zuständig für Religion, Kultur, Politik und waren Ärzte und Wissenschaftler. Bereits vor dem 6. Jahrhundert v.u.Z. kannten sie mit geringen Abweichungen die Umlaufzeiten des Mars und Venus, die 360 Grad Kreisteilung sowie den 12 Stundentag, den sie in 12 Doppelstunden unterteilten.

20. Die Zeit nach dem Chaos

Die „Zeit der ersten Wiederkehr" nennen die alten Ägypter ihr „goldenes Zeitalter", in dem die Götter mit den Menschen gemeinsam die die Erde bewohnten. Osiris kam aus der Zeit des Chaos, der Dunkelheit und der Katastrophen nach Ägypten und brachte Veränderung, Wissen und Kultur. Der griechische Geschichtsschreiber Diodor berichtet davon, dass die Götter alleine damals viele Städte gründeten. Die Menschen damals lebten noch primitiv und erst die Götter brachten sie dazu, sich nicht gegenseitig aufzufressen. Die Götter brachten Sprache, Schrift und das Wissen über Landwirtschaft, Bergbau und für die Anfertigung von Werkzeugen und Waffen. Sie waren die Kulturbringer der ersten Zeit. Diodor nennt auch Zeitangaben. Von Isis und Osiris bis zur Herrschaft Alexanders sollen 10.000 Jahre – aus anderen Quellen erfuhr er von bis zu knapp 23.000 Jahren - vergangen sein. Als letzter vordynastischer König soll Horus, der Sohn von Isis geherrscht haben, dessen Nachfolger sich als seine Reinkarnation betrachteten. Diese Menschenkönige sollen weitere 5000 Jahre regiert haben, bis er, Diodor, selbst nach Ägypten reiste. Osiris muss demnach nicht unbedingt eine fiktive Gestalt sein. Er ist der Gründer des Ägyptischen Reiches, der Überbringer von Wissen und Kultur, und als solcher wurde er von den nachfolgenden Generationen verehrt. In biblischen Geschichten werden die Überbringer des Wissens und der Kultur Engel genannt, die heute noch im Christentum als heilige Geistwesen verehrt werden. In peruanischen Kulturen gilt Viracocha, der Weiße mit dem Bart, der so gar nicht in die indigene Kultur passt, als Gründer und Überbringer des Wissens, als Gott verehrt. Man könnte also das Wort „Gott" einfach als Bezeichnung für einen Gründer und Kulturbringer sehen. In manchen Überlieferungen kamen diese „Götter" von oben, oder kamen übers Meer. Diejenigen, die

„von oben" kamen, müssen nicht zwangsläufig Außerirdische sein. Wenn in der heutigen Zeit etwas von oben kommt, dann kommt es auch nicht aus dem Weltall, sondern von einer anderen Stadt, oder von einem anderen Kontinent. Von Prä-Astronauten wird alles was „von oben" kommt, außerplanetarisch dargestellt, was man damit ja nicht grundsätzlich ausschließen sollte. Wie würden Überlebende eines versunkenen Kontinents einer hochzivilisierten Kultur in verschiedenen Regionen der Welt aufschlagen? Entweder per Schiff oder Flugzeug, je nachdem wohin die Reise geht. Und nichts anderes wird in den unzähligen Mythologien überliefert. Und alle hatten etwas gemeinsam: Sie kamen von weit her, meist nach einer Katastrophe, lebten unter den Menschen, gründeten eine Kultur, brachten Ordnung, Wissen und Technologie. In den polynesischen Geschichten hört man den Begriff „Huna", was so viel bedeutet wie das Wissen, das so alt ist wie die Menschheit. Dieses Wissen brachten die Plejader auf den Kontinent „Mu". Die „Kahunas" waren die Bewahrer des Wissens. Eine Namensähnlichkeit mit den Kachinas aus den Legenden der Hopi-Indianer am anderen Ende der Welt lässt sich hier erkennen. Die Kachinas waren Wesen mit großer Macht und kamen auf die Erde um den Menschen Kultur und Wissen zu überbringen.

Doch woher kamen sie? Von Mu, Lemurien oder Atlantis? Oder von den Plejaden? Auch die Hopi-Indianer suchen ihren Ursprung in den Plejaden.

Vielleicht stimmt beides, denn die Legenden über Mu besagen, dass dieser Kontinent einst von Plejadern besiedelt wurde, diese sich mit den Inselbewohnern vermischten und letztendlich mitsamt ihrem Kontinent im Zuge einer Katastrophe untergingen. Die Überlebenden retteten sich auf umliegende Länder und brachten den dort noch recht primitiven Menschen ihr ihre hohe Kultur und Technologien bei, die nach der Sintflut endgültig verschwanden. Und dies geschah anscheinend auf der ganzen Welt, wenn man die Gemeinsamkeiten der alten prähistorischen Kulturen miteinander feststellt, oder Gegenstände, Tiere und Menschen auf weit entfernten Orten findet, wo sie einfach nicht hinpassen. Die afrikanischen Olmekenköpfe oder der weiße, bärtige Viracocha, Steingravuren von nicht heimischen Tierarten in Göbekli Tepe oder das Aussehen des Pharaos Echnaton, der eher einem Alien glich als einem Menschen. Auch die Sumerer, eine der ältesten bekannten Zivilisationen kamen ihren Überlieferungen zufolge von außerhalb unseres Sonnensystems und sogar die Aborigines sollen ursprünglich von den Plejaden kommen. Die meisten astronomischen Figuren im Talmud weisen darauf hin, dass diese von dort stammten. Der Hawaiianische Schöpfungsgesang beginnt ebenfalls in Bezug auf die Plejaden. Seltsam ist auch, warum in den meisten alten Legenden, die die Plejaden zum Inhalt haben, immer von sieben Sternen die Rede ist, mit dem menschlichen Auge aber nur sechs zu sehen sind. Es ist auch auffällig, dass die sieben Sterne der Plejaden fast in allen Kulturkreisen als sieben Schwestern oder sieben Mädchen dargestellt werden, was wiederum auf einen gemeinsamen kulturellen Ursprung vor über 100.000 Jahren schließen lässt, als Vertreter der afrikanischen als auch der australischen Kulturen einen gemeinsamen Kontinent bewohnten. Bei den Griechen, den Aborigines und im Iran erzählen Legenden von einem verloren gegangenen oder erloschenen siebenten Stern. Somit muss es eine Zeit gegeben haben, wo noch sieben Sterne zu sehen waren. In einer Simulation fanden Astronomen heraus, dass der Plejadenstern Plejone vor etwa 100.000 Jahren weiter von seinem Nachbarn Atlas entfernt war als heute, und damals diese zwei Sterne noch als zwei getrennte Sterne zu erkennen waren. Die Sagen um die sieben Schwestern können daher zu den Ur-Erzählungen der Menschheit zählen, und zeigen gleichzeitig auf, wie lange sich mündliche Überlieferungen mitsamt ihrem wahren Kern halten können. Die Plejaden sind 400 Lichtjahre entfernt, das sind etwa 900 Billionen Kilometer.

Mit einer Geschwindigkeit von etwa 400.000 km/h, dem derzeit schnellsten von Menschenhand gebauten Objekt, würde sich diese Distanz in etwas mehr als einer Million Jahren bewältigen lassen. Die Prä-Astronauten lassen sich durch diese Rechnung nicht aus der Ruhe bringen, da es auch in unserer heutigen Zeit bereits theoretische Ansätze gibt, die die Überwindung so großer Entfernungen durch Raumkrümmungen und Wurmlöcher möglich machen. Aber eben nur theoretisch. Zivilisationen, die von außerhalb der Erde kamen, mussten demnach einen technischen Standard gehabt haben, den wir erst in ferner Zukunft erreichen werden. Sie wären uns um mehr als 400.000 Jahre voraus, wenn man den Sumerern Glauben schenkt, zumindest aber 17.000 Jahre aus ägyptischer Sicht, und immerhin an die 4.000 Jahre, wenn der Erstbesuch zu Zeiten Henochs stattfand. Angenehmer wäre der Gedanke an die Theorie der versunkenen Hochkulturen auf der Erde, ohne weitere außerirdische Besuche, wobei die Differenz von 4.000 Jahren noch nicht so erschreckend wäre wie ein Unterschied von 400.000 Jahren. Möglicherweise kommt aber unsere Geschichte ganz ohne Außerirdische aus, wenn man im blinden Fleck der Geschichtsschreibung einfach nur die menschliche Entwicklung um tausende Jahre weiterspielt, die Erzählungen und Legenden von damals in

Erinnerung behält und sie bis auf einige Bewahrer des Wissens wieder untergehen lässt.

Der wohl aufdringlichste Hinweis auf einen gemeinsamen Ursprung prähistorischer Kulturen sind die zahllosen Gemeinsamkeiten, die man überall auf der Welt in allen Kulturen findet.   Die auffälligste Gemeinsamkeit sind die Pyramiden, die man rund um den Globus auf allen Kontinenten findet, und von denen einige denselben Bauplan aufweisen, obwohl sie tausende Kilometer und tausende Jahre voneinander entfernt sind. Wie kamen diese Kulturen auf dieselbe Idee, Pyramiden zu bauen? Woher stammen die unmöglichen Megalithbauten, die man rund um den Globus, sogar auf den winzigsten Inseln findet? Auch die Darstellung der „Blume des Lebens", wie bereits im Buch beschrieben, ist auf der ganzen Welt anzutreffen.

21.   Die Tasche der Götter

Wenn man alte Artefakte von Götterdarstellungen näher betrachtet, fällt einem ein kleiner Gegenstand auf, dem man in fast allen Kulturen begegnet. Niemand weiß, was es mit diesem Gegenstand auf sich hat, aber alle Götter halten ihn in der

Hand. Dieses Gefäß, oder ist es eine Tasche, findet man in Skulpturen von Mesoamerika bis Indonesien.

Am häufigsten trifft man dieses Artefakt bei den Sumerern in Mesopotamien an, jedoch auch der Maya-Gott Kukulkan in Mexico hält ihn in der Hand. Man findet ihn auch auf alten Olmekenskulpturen, bei den Azteken, in Vera Cruz, Kolumbien und sogar auf Skulpturen im weit entfernten Indonesien, auf der Sumba – Insel. Nicht zuletzt gibt es Gravuren dieses Gegenstandes auf den Megalithen in Göbekli Tepe in der Türkei, dem ältesten Tempel der Welt, der auf ein Alter von über 10000 Jahren geschätzt wird. Alles nur Zufall, oder bekamen alle Kulturen diesen Gegenstand von ein und derselben Bezugsquelle? Hatten alle Kulturen auf der ganzen Welt, über Jahrtausende hinweg dieselbe Idee, dass ihre Götter eine Handtasche tragen mussten, noch dazu alle derselben Marke, mit halbrundem Tragegriff? Das könnte man wohl eher ausschließen. Dieses Accessoire hat sich erstaunlich gut gehalten, sieht man es doch auf den über 10.000 Jahre alten Skulpturen von Göbekli Tepe, auf den über 5000 Jahre alten Skulpturen der Sumerer und den 1000 Jahre alten Götterdarstellungen der Maya. Es muss ein wichtiger Gegenstand gewesen sein, zumal er über einen so langen Zeitraum und über so einen großen geografischen Raum omnipräsent ist. Er muss auch über hunderte Generationen weitergegeben worden sein, wenn man den langen Zeitraum bedenkt, in dem man ihm begegnet. Prä-Astronautiker würden sagen, es handle sich dabei um ein technisches Gerät, das die Aliens mitgebracht haben um Dimensionsportale zu öffnen, denn die Abbildungen der Sumerer zeigen Götter mit diesem Ding in der einen Hand, die mit der anderen Hand auf eine Art Tor zeigen. Wer weiß, vielleicht ist es auch so. Möglicherweise ist dieser Gegenstand auch ein Überbleibsel aus einer alten, versunkenen Kultur. Jedenfalls kommt man an der Annahme nicht vorbei, dass es sich bei allen Kulturen um denselben Gegenstand handelt, der aus ein und derselben Quelle stammt, und einen wichtigen Stellenwert besitzen muss.

22.   Abschied von den Göttern

Entsprechend den alten Legenden und Überlieferungen vieler
alter Kulturen stellt sich ein weltweites, fast identisches
Szenario dar. Die Götter kamen vor lang vergangener Zeit, in
einer Zeit voller Dunkelheit und Zerstörung von einem fernen
Land und gründeten eine Kultur. Sie lebten zusammen mit den
Menschen, unterrichteten sie in Landwirtschaft, Bergbau,
Waffen- und Werkzeugbau, sozialisierten sie und errichteten
große Städte und ganze Reiche. Danach flogen sie wieder zu
den Sternen, was auch metaphorisch als ihr Ableben gedeutet
werden kann. Jedenfalls kamen sie alle von weit her, gründeten
ein Reich und waren danach wieder weg. Die anschließenden
Herrscher sahen sich als ihre Reinkarnationen oder zumindest
ihre   ebenbürtigen   Nachfolger.   Die   meisten
Gründungsgeschichten lassen sich miteinander vergleichen
und weisen viele Gemeinsamkeiten auf. Die Abbilder dieser
Gründer wurden in Stein gemeißelt und galten weiterhin als die
Götter, die vom Volk verehrt wurden. Viracocha kam aus dem
Wasser des Titicacasees, gründete das Andenvolk und segelte
dann in den Pazifik – in seine alte Heimat? Quetzalkoatl, die
„gefiederte Schlange" der Maya und der Azteken, war
ursprünglich ein weißhäutiger, bärtiger Toltekenpriester und

König von Tollan, wo er die Menschen in sämtlichen Künsten unterrichtete. Einigen Quellen ist zu entnehmen, dass er anschließend wieder über das Meer nach Tillan, dem „Land der Schwärze und der Röte" reiste. Die Azteken verehrten neben unzähligen weiteren Göttern Quetzalkoatl als ihren Hauptgott. Ihren Überlieferungen zufolge verkündete er vor der Abreise seine Rückkehr mitsamt Gefolge, worauf die spanischen Eroberer von den Azteken zuerst als seine, Quetzalcoatls Rückkehr gehalten wurden und sie den Eroberern kampflos ihr Land übergaben, so die Schilderung von Cortez für die Rechtfertigung der eigentlich illegalen Eroberung. Der Maya-Gott Kukulkan wird zurückgeführt auf den Quetzalkoatl-Kult. Der spanische Eroberer Pizarro mit seinen Männern wurde von den Peruanern als „Viracocha" begrüßt und verehrt, bis sie ihren verhängnisvollen Irrtum bemerkten. Anscheinend hielten die alten Kulturen in Meso- und Südamerika kaukasische Männer als Götter. Tatsächlich wurde ein Einfluss kaukasischer Gene in diesen Regionen nachgewiesen, worauf zu schließen ist, dass sich die Einwanderung in amerikanische Gebiete nicht hauptsächlich aus dem Norden über die Beringstraße, sondern über den Pazifik ereignet hat. Wie auch in der Bibel von den Nephilim berichtet wird, die auf die Erde kamen und jeder von ihnen eine bestimmte Lehre überbrachte, so haben unter anderem auch bei den Azteken und Griechen alle Götter eine bestimmte Funktion und eine spezielle Wissenschaft, die sie den Menschen beibrachten. Überall findet man „Götter", die zu den Menschen kamen und sie unterrichteten. Und all diese „Götter" hatten Fähigkeiten, die den Menschen damals fremd waren. Wie leicht man diese „Entwicklungshelfer" für Götter hielt, sieht man am Beispiel der Azteken mit Cortez. Diese Götter waren Menschen, die weiter entwickelt waren als die damaligen Kulturen, denen sie das Wissen brachten - verehrungswürdig ob ihres immensen Intellekts und ihrer für damalige Verhältnisse übermenschlichen Fähigkeiten. Man stelle sich die Situation vor, wenn man heutzutage einen eingeborenen Amazonasbewohner, der noch nie Kontakt mit der Zivilisation hatte, mit einem Laptop konfrontiert. Und so in etwa muss damals der Kontakt zwischen den „Göttern" und den Menschen stattgefunden haben. Ein direkter Zusammenprall von Hochtechnologie und Bronzezeit. Wenn diese „Götter" nicht von anderen Planeten kamen, müssen sie von einem Kontinent gekommen sein, der den damaligen Völkern unbekannt war, und der auch uns heutzutage unbekannt ist, aus einer Zeit, von der wir heute nichts mehr wissen. Wer waren sie, und woher kamen sie? Sie waren da, soviel steht fest, und ihre eigene Zivilisation war weiter entwickelt als unsere heutige. Ebenso steht fest, dass sie wieder verschwunden sind, denn würden sie noch existieren, würde man sie erkennen. Sie haben sich, wie alte Schriften und Überlieferungen belegen, mit den damaligen Menschen vermischt und sind mit ihnen ausgestorben. Sie werden nie wieder kommen, haben aber der Menschheit ihr Erbe hinterlassen: Mythen, Legenden und stumme, steinerne Zeugen einer hochentwickelten Zivilisation, die in der Dunkelheit der Geschichte für immer verloren ging.

STICHWORTVERZEICHNIS

Abbildungsverzeichnis

LITERATURVERZEICHNIS

1. **Cierny, Wolfhard Schlosser/Jan.** *Sterne und Steine.* Darmstadt : Wissenschaftliche Buchgesellschaft, 1996.

2. —. *Sterne und Steine.* Darmstadt : Wissenschaftlicher Buchverlag, 1996.

3. **Dieterle, Richard L.** *GIANTS FOUND IN NORTH AMERICA.*

4. **Jochmans, Joseph R.** *Essay 'Strange Relics from the Depths of the Earth'.*

5. **Pellech, Dr.Christine.** *Atlantisforschung.de.*

6. **Lynch, Patricia.** *Afrikanische Mythologie, A bis Z.. . p. 45.* s.l. : Chelsea House, 2010. ISBN 978-1-60413-415-5..

7. **Joseph, Frank.** *Lemurien: Aufstieg und Fall der ältesten Weltkultur.* s.l. : AMRA Verlag, 2013. 9783954470624.

8. **Riem, Johannes.** *Die Sintflut in Sage und Wissenschaft.* s.l. : Agentur des rauen Hauses, 1925.

9. **Mayr, Ernst.** *Das ist Evolution.* München : s.n., 2003.

10. **Wegener, Ernst.** *Die Entstehung der Kontinente und Ozeane.* Berlin : Vertragsbuchhandlung Berlin, 2005.

11. **Blöss, Prof.Hans-Ulrich Niemitz und Christian.** *Der Selbstbetrug von C-14-Methode und Dendrochronologie.*

12. **Zilmer, Hans Joachim.** *Darwins Irrtum.*

13. **Junker, Reinhard.** *Die Kambrische explosion des Lebens - entschärft?*